Liebe Leserinnen und Leser,

Großzügig: Mecklenburg-Vorpommern zeichnet sich mit großzügigen Strichen in das Bewusstsein der Menschen ein. Vielleicht noch nicht besucht, aber längst schon vertraut sind die Motive dieser inneren Landkarte: die Kreidefelsen auf Rügen, das Schweriner Schloss, der Dom zu Greifswald, die Müritz und die stolzen Backsteinkirchen der Hansestädte und immer wieder das Meer, die Ostsee. Künstler wie Caspar David Friedrich, Schriftsteller wie Uwe Johnson sind dem späteren Touristen zuvorgekommen und berichten, zeichnen den Weg vor. Da ist mehr drin als der Tourismus eines Wochenendes. Wer Ruhe und Entspannung sucht, auf der Flucht aus Hamburg oder Berlin, wird sie hier im Garten der Metropolen finden. Und wird sich vielleicht verlieben, weil sie reizvoll ist, die Landschaft – und vielleicht etwas entdecken: Ein Gefühl für Zeit und Raum. Die Zeit ist hier nicht stehen geblieben, auch wenn die sorgfältig renovierten Bürgerhäuser das unterstellen mögen.

Rückblende – ohne die Gegenwart auszublenden: Vor gut fünfhundert Jahren kommt die reformatorische Bewegung in den Norden. Die Zeit ist reif für einen Wandel. Die Bedingungen sind günstig. Die Ideen von Freiheit und christlichem Selbstbewusstsein finden in den Hansestädten Sympathie. Die gesamte Küstenregion zwischen Dänemark und Polen wird mehrheitlich evangelisch. Wie dies geschieht, wird auf den folgenden Seiten spannend erzählt. Der zeitliche Bogen spannt sich von den Anfängen der Reformation in den Städten und Dörfern des damaligen Mecklenburgs und Pommerns bis in die Gegenwart. Die Situation der Menschen in der DDR ist im Blick wie die Situation der Kirchengemeinden in einer entchristlichten Gegenwart.

In diese Gegenwart hinein dann das Wagnis: Die Gründung der Nordkirche vor zwei Jahren. Groß sind die Unterschiede zwischen West und Ost, verschieden die geschichtlich und kulturell bedingten Prägungen und Mentalitäten. Und die Erfahrungen der Nachwendezeit sind ein zweischneidiges Erbe. Inzwischen sind die Wege vertrauter geworden. Die geschichtlich oder touristisch verengte Sicht hat sich geweitet. Auch die polnischen, baltischen und skandinavischen Nachbarn kommen in den Blick. Allmählich entsteht ein offener Erwartungshorizont. Und das Gespür wird zum Bewusstsein, dass da mehr drin ist – für die Kirche, für die Menschen.

Wir freuen uns, dass mit diesem Journal nun der Einblick in die Geschichte der Reformation auf dem Weg zur Nordkirche vervollständigt ist: neben Hamburg, Lübeck und Schleswig-Holstein nun auch Mecklenburg und Vorpommern.

Dr. Daniel Mourkojannis
Oberkirchenrat im Landeskirchenamt in Kiel
Beauftragter der Nordkirche für das Reformationsjubiläum 2017

33

40

Inhalt

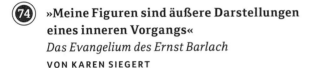

79

76

LIEDER, ORATORIEN, GOSPEL ODER LITURGIE —
*die Kirchenmusik ist das schönste Erbe der Reformation.
In Norddeutschland wird das lutherische Liedgut gepflegt,
wie auch Lieder aus dem nahen Ostseeraum in zahlreichen
Chorfesten Mecklenburgs und Vorpommerns zum Klingen
gebracht werden.*

SCHWERIN — *ist die Landeshauptstadt von Mecklenburg-Vorpommern. Das Schloss, der Dom, die Seen um die Stadt und das umfangreiche kulturelle Angebot machen die Stadt zu einem Ausflugsziel im gesamten Bundesland und darüber hinaus. Aus der Luft ist die wunderbare Einbettung Schwerins in die mecklenburgische Landschaft gut zu sehen.*

ERNST BARLACH — *ist der Bildhauer des deutschen Nordens. Seine Figuren in der Gertrudenkapelle zu Güstrow ziehen jedes Jahr Touristen aus aller Welt an. Und diese Begegnungen mit den Skulpturen sind Begegnungen mit sich selbst. Ernst Barlach sagt es so: »Zur Kunst gehören immer zwei, einer, der sie macht, und einer, der sie braucht.«*

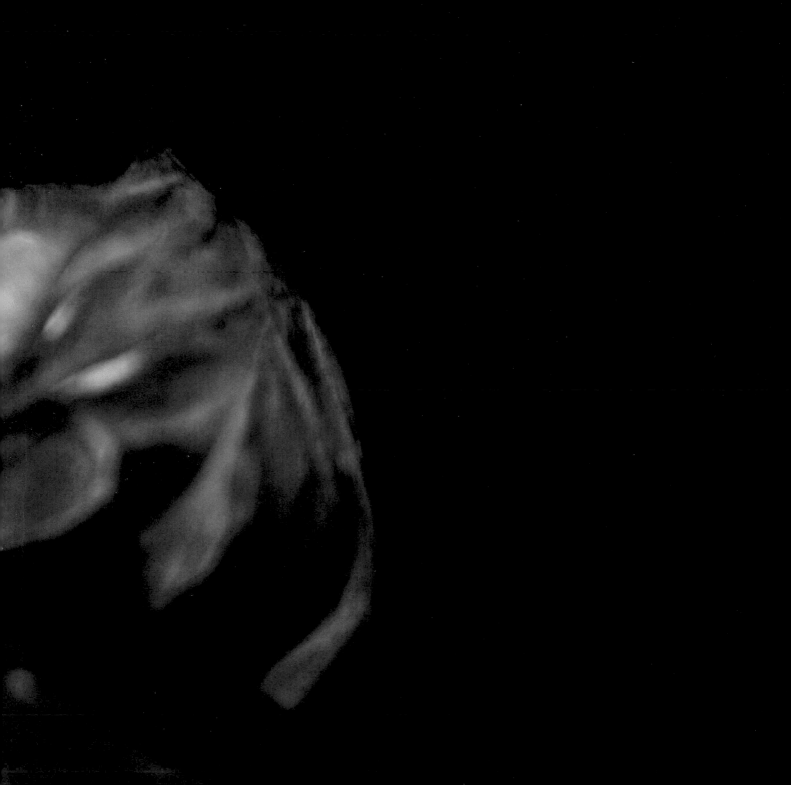

SECHS STÄDTE – SECHS REFORMATOREN

Bekannter noch als das Bundesland sind seine Küstenstädte. Ihre ehrwürdige Geschichte von der Hansezeit, von schwedischer Besetzung, norddeutscher Backsteingotik, Reformation und dem Leben seiner Fischer und Handelsleute wird anschaulich gemacht.

Aegidius Faber und die Anfänge der Reformation in Schwerin

—

VON VOLKER MISCHOK

Schwerin

U m 1490 wurde Aegidius Faber in Kremnitz (heute: Kremnica, Slowakei) geboren, studierte in Ofen (heute etwa: Budapest), ging über Augsburg nach Wittenberg, wo er 1530 immatrikuliert wurde. Ein Jahr später wird seine Auslegung des 51. Psalmes mit einem Vorwort Martin Luthers gedruckt. 1531 wird Faber von den Herzögen zu Mecklenburg, Heinrich dem Friedfertigen und Albrecht dem Schönen, als evangelischer Prediger nach Schwerin berufen. Hier verfasst Aegidius Faber 1533 seine kritische Schrift »Von dem falschen Blut und Abgott im Thum zu Schwerin«. Ein Jahr später bekommt er in Schwerin eine feste Stelle und visitiert in Mecklenburg. Für das Jahr 1538 hören wir von seiner Suspendierung und wenig später von seinem Abschied aus Schwerin. Nach der Übernahme von Pfarrstellen in Liegnitz und Dessau kehrt Aegidius Faber 1553 nach Mecklenburg zurück, übernimmt eine Pfarrstelle in Boizenburg und stirbt dort im März 1558.

Begegnung mit Martin Luther

Als Aegidius Faber am 2. April 1530 in Wittenberg immatrikuliert wurde, kann er Martin Luther zunächst nicht begegnet sein. Luther war zu der Zeit auf Reisen und kam erst Anfang Oktober 1530 nach Wittenberg zurück. Eine heute verschollene Tafel soll Faber »Luthero amico«, Luthers Freund, genannt haben, und so wird mit Recht zu vermuten sein, dass Faber mit Rückkunft Luthers unter dessen Katheder und Kanzel saß, und mit etwas Phantasie sehen wir ihn an Luthers Tisch bei einem Krug Wittenbergischen Bieres. Luther war damals 47 Jahre alt, Faber war etwa im 40. Lebensjahr.

Aber 1530 war das Jahr des Augsburger Bekenntnisses, der »Confessio Augustana«. Im zweiten Teil dieses Bekenntnisses geht es um die Missbräuche der Kirche und so auch um die Abschaffung von Kauf- und Winkelmessen und um die Bedeutung des Kreuzestodes Christi für die Sühne.

Vielleicht ist Faber Martin Luther eher in heißen Diskussionen über diese Themen als persönlich begegnet. Vermutlich haben sich gerade die zu ändernden Missstände in der Kirche bei Faber zu einem theologischen Grundthema entwickelt. Das aber ist nachzulesen: Martin Luther schreibt das Vorwort zu Fabers Auslegung des 51. Psalmes.

»Der Psalm Misere / deudsch ausgelegt / Durch M. Egidium Fabrum«

Hat Faber diese erste Schrift noch in Wittenberg verfasst? Oder hat er sie schon in Schwerin geschrieben? Gewidmet ist sie jedenfalls »Dem Durchleuchtigen Hochgebornen Fursten und Herrn Philippes Hertzogen zu Mekelenburg, Fürsten der Wenden, Graven zu Schwerin, Rostock und Stargard, der lande Herren, Meinem Gnedigen Herrn«.

Gedruckt wurde die Schrift 1531 »zu Wittemberg« durch Nickel Schirlentz. Liest man in Fabers Auslegung, so ist deutlich der Lehrer Luther im Schüler zu hören.

▶
links: Titelblatt der Faberschen Schrift: »Von dem falschen Blut« (1533)

rechts: Aegidius Faber (ca. 1490–1558), zeitgenössischer Stich

Ein Beispiel: »Summa summarum, wir sind von mutter leib an sunder, vol böser begird, Gottlos, ungleubig, und wie der baum ist, also sind seine frücht. Darumb alle unser thun, verdienst, heiligkeit, hertz und synn, lauter unflat sind, wirdig Gottes gerichts [das ist heftig, aber Faber sieht Rettung!, V. M.], es sey denn Gottes gnad kome uns zu hülff, und erbarm sich unser.«

Luther jedenfalls empfiehlt diese Schrift zur Lektüre, denn er schreibt in seinem Vorwort: »Darumb weil dieser schone Psalm, welcher der rechten heubt Psalmen einer ist, und durch M. Egidium, recht auff das heubtstuck unser lere ist gedeutet, das da heisst busse und vergebung der sunden inn Christo, hab ichs für gut angesehen, durch den druck auszulassen.«

Fabers Anfänge in Schwerin

Aegidius Faber kam nach Schwerin zur Regierungszeit Heinrichs des Friedfertigen, der der Reformation zustimmend, doch auch abwartend gegenüberstand, und Albrechts des Schönen, der die Reformation mehr oder minder ablehnte. Es gab lutherische Prediger in Schwerin schon vor Faber: den Hofkaplan Heinrich Möller zum Beispiel, der jedoch seine Gottesdienste nur im geschlossenen Zimmer halten durfte. Ab 1526 wurde dann auch öffentlich in Schwerin lutherisch gepredigt. Aegidius Faber kam 1531 nach Schwerin. Er kam auf Empfehlung Luthers. Und er hatte Erfolg und fand offene Ohren. Aber den Mönchen des St. Georg Klosters behagte der Zulauf zu Fabers Predigten ganz und gar nicht, sie »hasseten ihn« und beschwerten sich, allerdings erfolglos, beim Herzog.

»Von dem falschen Blut und Abgott im Thum zu Schwerin«

1533 erschien die Schrift »Von dem falschen Blut ...« von Aegidius Faber, wiederum gedruckt durch Nicolaus Schirlentz in Wittenberg. Lokalgeschichtlich ist sie für Schwerin und Mecklenburg von hohem Interesse, theologisch ist sie interessant. Martin Luther selbst hat auch dieses Buch wieder mit einer »schönen Vorrede« versehen.

Jeglicher Christ solle dieses Büchlein lesen, »so wird er sehen solchen Göttlichen ernst und zorn über die Gottlosen, und lass im ein exempel und warnung sein, sich zu hüten und zu fliehen ... da mit er nicht teilhafftig werde aller solcher plage.«

Was hatte es auf sich mit dem »Blut zu Schwerin«?

Bernhardus Hedericus berichtet in seiner Schweriner Chronik von 1598 von dem Heiligen Blut, das, in einem Jaspis verwahrt, im Dom zu Schwerin gezeigt wurde. Graf Heinrich von Schwerin soll es im Heiligen Lande von dem päpstlichen Legaten Kardinal Pelagius erhalten und bei seiner Rückkehr Gründonnerstag, 31. März 1222, in Gegenwart des zweiten Bischofs, Brunward, vieler Prälaten und einer großen Menge Gläubiger beiderlei Geschlechts in der Schweriner Domkirche geborgen haben.

Aber noch mehr und weit geheimnisvoller! »An jedem Freitag, in der Stunde, da Jesus am Kreuz verschieden, sollte es sich sichtbarlich in drei Teile teilen; viele Heilungswunder sollten

durch dieses Heiligtum geschehen sein; reicher Ablaß war den andächtigen Verehrern verheißen. Und – neben dem Heiligtum hing eine große Wage, darauff die krancken, so hülffe begeren zu finden bey dem blut, sich wegen lassen, und nach dem gewicht ihres leibs von den gütern, der sie am meisten vermügen, opffern müssen, unangesehen, du werdest gesund oder nicht.«

Wenn Dombesucher heute von dem »Heiligen Blut« hören, machen sie große Augen: »Können wir das mal sehen?«. Antwort: »Können Sie nicht, die Reliquie wurde schon 1552 zerschlagen, das Blut als Zinnoberpartikel identifiziert.« Aus heutiger Sicht auch nicht gerade ein qualifizierter Umgang.

Aegidius Faber hatte des Öfteren in seinen Predigten des Heiligen Blutes gedacht, zunächst in der Absicht, »das volck mit freundlichen Worten ... in der stille« davon abzuwenden. Aber die Reaktion des Domkapitels blieb nicht aus: »Einer aus den papistischen Pfaffen des Domes, verfertigte einen Brief, der gedruckt ausgetheilet wurde, in welchem die sonderbare Kraft des in der Domkirchen vorhandenen Heiligen Bluts Christi allen und jeden angepriesen wurde, zur geist=und lieblichen Genesung. Unserm Aegidio Fabro gieng das abergläubische verführische Wesen zu Herzen, ermannete sich in Gott und wiederlegte den papistischen Brief gründlich in einem besonderen Tractätlein«.

Faber bekommt eine Anstellung und eine Kirche

Noch im Frühjahr 1533 klagt Faber darüber, dass er keine Kirche habe, »darynne gottes worth sampt den heiligen sacramenten goth zu lobe und den menschen zu throst möchten gehandelt werden«. Im November desselbigen Jahres hat er eine Kirche.

Wir müssen uns das neue Gotteshaus als einen ganz schlichten, wahrscheinlich saalähnlichen Bau vorstellen, der vermutlich nur als vorläufige Unterkunft der Gemeinde gedacht war. Ihm gegenüber lag die Predigerwohnung, deren oberes Stockwerk auch noch einen Schulraum enthielt. Empfehlenswert ist es, sich dieses Hauses in Schwerin zu erinnern und an dem Ort, an welchem es stand, einen Hinweis auf Kirchbau und Aegidius Faber anbringen zu lassen.

Etwa um die gleiche Zeit, im Juli 1534, erhält Faber endlich auch eine feste Bestallung als Prädikant auf Lebenszeit. Neben 50 Gulden, 8 Ellen Tuch, 2 Schweinen, 3 Schafen und 2 Drömt Roggen wird ihm freie Wohnung gewährt »uff der neuen Capellen allhier zu Swerin.« Wohnung und Verdienst hat Faber nötig, denn 1534 muss er geheiratet haben. Das Paar hatte zwei Kinder.

Kirchenvisitation 1534 / 35

1535 visitiert Aegidius Faber auf Anordnung Herzog Heinrichs. Zusammen mit dem Neubrandenburger Nicolaus Kutzke soll er die Pfarrer und Prädikanten »irer Lehr halben verhoren und

Der Dom zu Schwerin

Das Wahrzeichen der Stadt Schwerin und zugleich ihr einziges erhaltenes Bauwerk aus dem Mittelalter ist der gotische Dom. Der erste Dombau nach der Verlegung des mecklenburgischen Bistums nach Schwerin um 1160 war ein bescheidenes Bauwerk. Von dem folgenden Bau, dem 1248 geweihten spätromanischen Dom, ist an der Südwand noch die Paradiespforte erhalten. Baubeginn für den heutigen gotischen Dom war um 1270. Seinen 117,5 m hohen Turm erhielt er aber erst 1893. Zu den wertvollen Ausstattungsstücken im Inneren gehören der mittelalterliche Kreuzaltar, das Triumph-

kreuz, das bronzene Taufbecken und die 1871 geweihte Orgel aus der Werkstatt des Orgelbauers F. Ladegast. Von den Kreuzgängen des Domes ist der nördliche Flügel zu begehen. Hier befindet sich der Eingang zur Mecklenburgischen Landesbibliothek und davor steht eine Kopie des Braunschweiger Löwen. Aufgestellt wurde er 1995, dem 800. Todestag von Heinrich dem Löwen (1129–1195). Er gründete als Herzog von Sachsen und Bayern die Stadt Schwerin.

Turmaufstieg
Für einen Turmaufstieg benötigt man Zeit und Kraft, aber es lohnt sich. Es ist eines der beliebtesten Urlaubsziele, da sich bei klarem Wetter ein traumhafter Blick über die Altstadt und die Schweriner Seenplatte bietet.

▶ Über die Domgemeinde werden Führungen angeboten: Tel. 03 85 · 56 50 14

▶ Öffnungszeiten und kostenloser Turmaufstieg
November bis April
Mo–Sa 11.00–14.00 Uhr
So 12.00–15.00 Uhr

Mai bis Oktober
Mo–Sa 10.00–17.00 Uhr
So 12.00 – 17.00 Uhr

sich befleissigen zu erfaren, was sie von Ceremonien in iren Kyrchen halten und wie die Sacrament und das Worth Gods von ynen gepredigt wirth und ... was ir Glauben sey.«

Der Ehrung des Gottesdienstes soll aufgeholfen werden durch ein Schankverbot während der Zeit der Andachten. Gemeindeglieder, die ein anstößiges Leben führen, sollen gestraft werden. Auch soll den Predigern anbefohlen werden, Fleiß auf ihre Predigten zu verwenden.

Im Ergebnis der Visitation rät Faber Herzog Heinrich zur Abhaltung einer Disputation der besten lutherischen Prediger mit den hartnäckigen und falschen Predigern.

Vier kurze Einblicke in die Visitationsprotokolle

»Malchyn. Da haben wir hyn verbotschafft den predicanten auss Detro, weil er hat sich hören lassen, er predige das Ewangelium recht. Aber ym examinieren ist er erfunden eyn ungeschickt, ungelert man, der noch vom Glauben, noch vom Ewangelio, noch von versorgung der seelen weys, und doch gancz vermessen, als kunde ers besser, dann kein ander.«

»Tessyn. Da yst ein dorfpharher gancz ungelert, wer besser zum hirten auffs felde, denn czum seelsorger.«

In Boizenburg immerhin »stehts guth ynn der statt«.

In Schwerin wollte Faber auch visitieren, aber da hat ihn das Domkapitel kurzerhand abblitzen lassen.

Suspendierung und Abschied aus Schwerin

Wohl 1538 wurde Aegidius Faber von seinem Schweriner Pfarramt suspendiert. Gründe waren Streitigkeiten mit dem Kollegen und Fabers Lebensführung. Zu richtigen Kanzelrangeleien soll es zwischen Faber und seinem Kollegen gekommen sein. Zwar wird von einer feierlichen Versöhnung beider Kontrahenten berichtet, aber Faber muss die Gunst Heinrichs verloren haben. Am 24. Juni 1539 unterschrieb Faber einen Revers, in dem er sich für die empfangenen Wohltaten bedankte und allen Ansprüchen an Herzog Heinrich entsagte.

Wir können den weiteren Weg Fabers über Liegnitz und Dessau verfolgen. Seine letzte Station war Boizenburg, wieder in Mecklenburg. 1553 erhielt er dort das Pastorat. Wieder ist hier von Reibereien und Klagen zu lesen. Als letztes Dokument von Fabers eigener Hand findet sich ein Zettel, datiert auf den 26. April 1556, auf dem er eine finanzielle Zuwendung quittiert. Zwei Jahre später, kurz vor dem 6. April 1558, ist Aegidius Faber in Boizenburg verstorben. ●

▶ **VOLKER MISCHOK**
ist Domprediger am Dom zu Schwerin.

Revolutionär, freiheitlich und streitbar

Die Reformation in Wismar

—

VON MICHAEL BUNNERS

Wismar

Drei imposante Kathedralen bestimmen das Bild der alten Hansestadt Wismar, die stille Ehrfurcht und staunende Bewunderung hervorrufen. Ihre Namen St. Marien, St. Georgen und St. Nikolai erinnern an beliebte Heilige und rufen damit weit über tausend Jahre christliche Geschichte in Erinnerung. Die Gotteshäuser der drei Kirchspiele bilden die eigentlichen Zentren der mittelalterlichen Stadtstruktur, die sich bis heute in ihrer Ursprünglichkeit erhalten hat. Die zahlreichen Häuserfassaden Wismars bewahren die Stilformen der Backsteingotik, der Renaissance, des Barock und des Klassizismus, dann auch des Jugendstils.

Singen und Sagen – Luther mit dem Schwan

Als 1817 das dreihundertjährige Jubiläum des Anschlages von 95 Thesen an eine Kirchentür in Wittenberg gefeiert wurde, entstand in Wismar das Gemälde »Luther und der Schwan«. In der Heiligen-Geist-Kirche stellt dieses Bild den Reformator dar als Freund der Musen und als Streiter freiheitlichen Denkens und Handelns.

Die Sage erzählt seit der Antike vom Schwan, wie er vor seinem Tode ein wunderbar ergreifendes Lied anstimmt. Johannes Hus (1369–1415), der tschechische Reformator, soll nach seiner Verurteilung zum Tode während des Konzils zu Konstanz gesagt haben: »Ihr bratet jetzt eine Gans (›Hus‹, tschechisch ›Gans‹), in einhundert Jahren wird aus meiner Asche ein Schwan erstehen. Er wird das Lied des Evangeliums, von mir angestimmt, weitaus schöner und besser singen.«

Das Bild »Luther und der Schwan« malt den Reformator als Musensohn, gilt er doch auch als Begründer des evangelischen Kirchengesanges. Die Schwanenmythologie erkennt dazu in der Predigtkunst ein ästhetisches Ereignis. Und auch die Übersetzung der Bibel ins Deutsche zeigt Luther als einen Sprachkünstler, dessen Sprachgewalt bis heute in die evangelischen Gottesdienste hineinragt.

Aufruhr und evangelische Predigt

Am Sonntag vor Weihnachten 1524 brachten Bootsleute und Schiffer ihren Prediger, »einen verlopenen monnik«, Johann Windt, auf die Kanzel der St. Nikolaikirche. Anhänger des eingesessenen Pfarrers vertrieben ihn jedoch. Er suchte im nahen Franziskanerkloster Asyl. Am Nachmittag gelang es den Protestanten, mit Messern und Beilen bewaffnet, die Kanzel der Schiffer- und Fischerkirche für ihren Prediger zu besetzen.

Im Kloster der Franziskaner predigten schon ab Ostern 1524 Heinrich Never und sein Ordensbruder Clemens Timme. Dies Kloster entwickelte sich zu einem evangelischen Zentrum. Die Ratsherren schätzten Heinrich Never als Reformator und setzten ihn als Guardian des Klosters ein. Herzog Heinrich ließ seinen lutherischen Geistlichen Heinrich Möllens in der Kirche St. Georgen zur Fastenzeit und Ostern 1524 predigen.

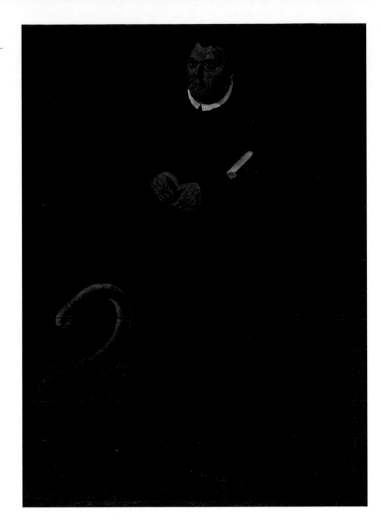

Es ergab sich in der Folge eine gute Zusammenarbeit mit Heinrich Never, der gewiss Nikolaus Rutze kannte, den Verbreiter hussitischer Schriften.

David Chytraeus, Professor in Rostock, überliefert, wie revolutionär die Durchsetzung der Reformation in Wismar sich vollzog: Das Volk verlangte eine öffentliche Disputation, wahrscheinlich gegen die Dominikaner, die Luther verleumdet hatten. Es wurden bereits Holz und Pechtonnen zum Markt geschleppt, um die Unterlegenen dem Feuertod zu überliefern. Herzog Heinrich untersagte die Disputation und warnte ernstlich vor aufrührerischen Predigten (1526). Never betont in einer Antwort, er habe stets im Sinne des Herzogs vor aller Gewalt gemahnt und christlichen Glauben, Liebe, Gehorsam und Frieden gepredigt. Never und die Pastoren von St. Georgen und St. Nikolai bereiteten erneut ein Jahr später eine Disputation vor, die jedoch gleichfalls untersagt wurde.

Italienische Renaissance im protestantischen Norden

Als eigentlicher Reformator Mecklenburgs erweist sich Herzog Johann Albrecht I. (1525–1576). Staatsmännisch übte er das ihm nach lutherischer Lehre zustehende Bischofsamt in der entstehenden Mecklenburgischen Landeskirche aus. Der Landtag an der Sagsdorfer Brücke am 19. und 20. Juni 1549 erklärte unter seiner Leitung die Absage gegen das Interim an Kaiser Karl V. und formulierte umfassend ein evangelisches Bekenntnis. Auch die verpflichtende Mecklenburgische Kirchenordnung (1552) erwirkte Johann Albrecht. In Wismar schuf Herzog Johann Albrecht sich eine neue Residenz, den »Fürstenhof«, einen massiven dreigeschossigen Bau, gelegen an der Südseite der Straße vom St. Marienkirchturm zum Chor von St. Georgen (Bauzeit 1552–1555). Die Heiterkeit ausstrahlende Fassade mit ihren Dekorationen und Fabelwesen samt dem durchgehenden Fries bringt phantasievoll die Antike nahe. Als Vorbild des Fürstenhofes gilt der Palazzo Roverella in Ferrara (1508). Die Hofseite der Residenz »Fürstenhof« zeigt gleichfalls einen Fries, der gerade das im Luthertum beliebte Gleichnis vom »Verlorenen Sohn« ausführlich schildert, gerade auch in lebensvollen, verführerischen Szenen. Vorgestellt wird bildlich der »freudige Geist der Buße« bei der Rückkehr des Verlorenen ins Vaterhaus. Im Februar 1555 feierte Johann Albrecht in seiner neuen Residenz Hochzeit mit Anna Sophie (1538–1591), Tochter des Herzogs Albrecht von Preußen, eines Bundesgenossen des Bräutigams, der auf Vorschlag Martin Luthers Reformator des Deutschen Ordens wurde. Über dem Tor zur Hofseite sind plastisch abgebildet »David und Goliath« sowie »Delila und Simson«: Die beiden Riesen zeigen sich bereits niedergestreckt als Besiegte. Eine glücklichere Zeit kündigt sich an: »All Fehd hat nun ein Ende«. Das Jahr 1555 brachte, ermöglicht durch etliche Kriegslisten wider den Kaiser, den geschichtsträchtigen »Augsburger Religionsfrieden«.

Gott zu ehren D(...) (...) im Beruth hat die Christliche
COMPAGNIE der Schiffer (...) zu Wismar diese Tafel RENOVIREN laßen

Innovatives Mecklenburg

Die Universität Rostock, die Jahrzehnte darniederlag, wurde von Johann Albrecht I. als Nachfolger des Bischofs von Schwerin neu gegründet. Sie wurde zur »Leuchte des Nordens« durch ein humanistisches Luthertum. Besonders die medizinische Fakultät konnte berühmte Namen aufweisen. Neuzeitliche Wissenschaften begannen innovativ zu forschen (Astronomie und Mathematik). So gilt denn Magnus Pegel – seine Familie stammte aus Wismar –, Professor der Mathematik und Medizin von 1591–1605, als »Rostocker Leonardo da Vinci«.

Die weiter florierende »Mecklenburgische Staatskapelle« in Schwerin – eine Gründung dieses lutherischen Fürsten – feierte 2013 ihr 450-jähriges Bestehen.

Zum Superintendenten seiner Residenzstadt Wismar berief Johann Albrecht I. 1562 Johann Wigand (1523–1587), der die Reformation in der Hansestadt vollendete. Dieser Geistliche wirkte zugleich als Historiker, der das »erste wissenschaftliche Großprojekt der Neuzeit«: die »Magdeburger Centurien«, eine 16-bändige Kirchengeschichte, mit etlichen Mitarbeitern vollbrachte. Johann Albrecht war zudem einer der Sponsoren dieses Unternehmens. Die Bände VII–XIII der »Centurien« sind in Wismar verfasst und mit handschriftlicher Widmung Johann Albrecht I., einem der Hauptsponsoren, im »Fürstenhof« überreicht worden. Besonderen

Nikolaus Rutze – Der erste Reformator in Wismar

Die ständig wachsende Anhängerschaft des Johannes Hus stärkte an der Ostseeküste die Opposition gegen die Papstkirche, auch wenn die Schriften von Nikolaus Rutze nur von einem kleinen Kreis zur Kenntnis genommen wurden. Der Priester Nikolaus Rutze lehrte bereits zu Beginn des 16. Jahrhunderts, dass der Ablasshandel Betrug sei. Sündenvergebung gebe es von Gott nur um Christi willen und werde umsonst geschenkt. Seine Schrift »Vom dreifachen Rep« (»Dreifacher Strick«) handelt kühn evangelisch von der Trias »Glaube, Liebe, Hoffnung«. Eine Aufstellung aus der Barockzeit sämtlicher Pastoren Wismars seit der Reformation nennt als ersten Prediger der Stadt Nikolaus Rutze, der nachweislich aus Rostock zeitweilig nach Wismar kam.

Einsatz zeigte Johann Wigand beim Ausbau des Gymnasiums »Große Stadtschule«, das durch sein Engagement über 400 Schüler zählte und »Kleine Akademie« genannt wurde.

Johann Albrecht förderte die Wirtschaft Mecklenburgs und bemühte sich um steigenden Wohlstand. Er plante einen Kanalbau von der Hansestadt Wismar über den Schweriner See und die Elde zur Elbe. Der Kartograph Tilemann Stella (1525–1589), der in Wittenberg studiert hatte und mit Martin Luther und Johannes Bugenhagen befreundet war, erarbeitete die Pläne. Die Durchführung erwies sich jedoch als zu schwierig. Wallenstein versuchte später erneut den Ausbau dieses Kanalsystems, der gleichfalls scheiterte. Der Name »Wallensteingraben«, nunmehr ein romantischer Bach, erinnert weiter an dies ursprünglich herzoglich-mecklenburgische Projekt.

Das Luthertum und das Recht

Fast hundert Jahre nach dem Bau des »Fürstenhofes« erfolgte dort die feierliche Eröffnung eines schwedischen Oberappellations-

Auf dem Markt der
Hansestadt Wismar

gerichtes (Tribunalgericht). Wismar war nach dem 30-Jährigen Krieg schwedisch geworden und das oberste Gericht für die schwedischen Besitzungen lag geographisch zwischen dem schwedischem Pommern und den schwedischen Stiften Bremen und Verden. Das lutherische Konsistorium für »Stadt und Herrschaft Wismar« hatte gleichfalls seinen Sitz im Fürstenhof und war verbunden mit dem Tribunalgericht. Der Vizepräsident David Mevius (1609–1670) baute das neue Tribunalgericht zu einem Zentrum der allgemeinen Rechtsentwicklung aus. So rückte das schwedische Wismar zu einer protestantischen Rechtshauptstadt in Deutschland auf.

Kirchengeschichte der Reformation im »Kirchenkampf«

1939 erschien in Göttingen der I. Teil einer Dissertation von Robert Lansemann (1908–1951): »Die Heiligentage besonders die Marien, Apostel- und Engeltage in der Reformationszeit, betrachtet im Zusammenhang der reformatorischen Anschauungen von den Zeremonien, von den Festen, von den Heiligen und von den Engeln«; der II. Teil der Untersuchung ging im Bombenkrieg verloren. Die Arbeit erforscht insbesondere das Thema »Luther und die Heiligen«. Robert Lansemann stellt der »Blut- und Boden-Ideologie« und ihrer Heldenverehrung Gestalten der Kirchengeschichte entgegen.

Robert Lansemann, als Sohn eines Rechtsanwaltes in Wismar geboren, gehörte seit seinem Vikariat in der Westfälischen Kirche zur »Bekennenden Kirche«. Im Auftrag der Bekennenden Kirche sammelte er dann in der Heiligen-Geist-Kirche seiner Heimatstadt eine Gemeinde. Das Lutherbild, aus der St. Marienkirche stammend, sicherte er nach deren Zerstörung 1945. Die einsetzende Agitation und Tendenz zur Zerstörung der Volkskirche nach dem Zweiten Weltkrieg prangerte Lansemann geschickt an. Im Advent 1950 wurde er verhaftet und kam im NKWD-Gefängnis um. Seit dem Schuljahr 2011/12 trägt die Evangelische Schule in Wismar den Namen »Robert-Lansemann-Schule«. ●

▶ **DR. MICHAEL BUNNERS, PASTOR I. R.,**
war bis 2013 Vorsitzender der Arbeitsgemeinschaft für Mecklenburgische Kirchengeschichte und Verleger.

Unbedingt sehenswert in Wismar:
Die drei Stadtkirchen der Hansestadt

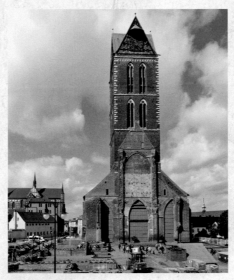

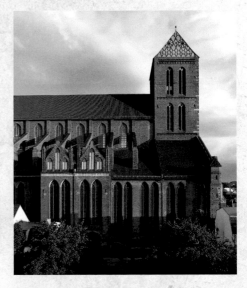

DIE KIRCHE ST. GEORGEN zählt zu den bedeutendsten Baudenkmalen norddeutscher Backsteingotik. Als ehemalige Pfarrkirche der Neustadt ist sie im südwestlichen Bereich der Altstadt gelegen. Ihre Errichtung fällt in die Zeit des späten Mittelalters und der Reformation. Vor der Fertigstellung im Jahr 1594 wurde sie während ihrer langen Bauzeit mehrfach verändert. Das kolossale Lang- und Querhaus stellt gleichzeitig den letzten im Mittelalter begonnenen Großbau einer städtischen Pfarrkirche in Norddeutschland dar. Bei einem Luftangriff im April 1945 wurde sie so schwer beschädigt, dass die Kirche nur noch eingeschränkt für Gottesdienste zu nutzen war.

Bis Januar 1990 stand die Ruine ungesichert in der Stadt. Nach einem schweren Orkan, der den Nordgiebel zum Einsturz brachte, begann man mit Hilfe der Deutschen Stiftung Denkmalschutz mit dem Wiederaufbau der Backsteinkirche.

DIE KIRCHE ST. MARIEN liegt in unmittelbarer Nähe des Marktplatzes und des Rathauses. Sie war die Rats- und Hauptpfarrkirche der Stadt. Die Kirche wurde im 13. Jahrhundert begonnen und um 1450 mit dem Westturm vollendet. Kurz vor dem Ende des Zweiten Weltkrieges zerstörten Lufttorpedos die St.-Marien-Kirche und mit ihr das gesamte sogenannte Gotische Viertel. Auf Beschluss des damaligen Rates der Stadt wurde im Jahr 1960 das beschädigte Kirchenschiff der St.-Marien-Kirche gesprengt, so dass nur noch der 80 Meter hohe Kirchturm übrig geblieben ist.

Seit dem Jahr 2000 erfolgt die Sanierung und Rekonstruktion der Kirche, welche die Stadt Wismar mit bisher ca. 5 Millionen Euro getragen hat. Seit 2002 ist im Marienkirchturm die Ausstellung »Wege zur Backsteingotik« zu sehen. Hier hat der Besucher die Möglichkeit, am Beispiel von St. Marien die Techniken des gotischen Backsteinbaus und des mittelalterlichen Handwerks zu erleben.

DIE KIRCHE ST. NIKOLAI steht an einem der ältesten künstlichen Wasserläufe Deutschlands, der Frischen Grube. Sie wurde als Kirche der Seefahrer und Fischer errichtet. Das Mittelschiff erreicht mit 37 Metern Höhe fast das Maß der Lübecker Marienkirche. Es ist das zweithöchste Mittelschiff im Sakralbau der Backsteingotik. Eine Besonderheit stellen die an der Nord- und Südseite hervortretenden Vorhallen dar, die den Armen eines Querschiffs ähneln. Der außerordentlich reich geschmückte Südgiebel nimmt mit seiner Fülle an glasierten figürlichen Formsteinen in der Backsteinbaukunst eine Sonderstellung ein. Von der mittelalterlichen Ausstattung von St. Nikolai sind der aus dem späten 13. Jahrhundert stammende Taufstein aus Granit und der Anfang des 16. Jahrhunderts gefertigte Schifferaltar erhalten. Geprägt ist der Innenraum jedoch durch die komplett erhaltene barocke Ausstattung. Wertvollstes Ausstattungsstück ist der prächtige Flügelaltar aus St. Georgen, der zu den größten Norddeutschlands zählt.

»Hüsken, Slüsken und Pracherie gahn to St. Peter in de Predekie«

Joachim Slüter und die Reformation in Rostock
—

VON MARCUS STÖCKLIN

Rostock

L ängst sieht Rostock nicht mehr so aus, wie der Kaufmann Vicke Schorler (1560–1625) es 1586 auf eine über 18 Meter lange Leinwandrolle malte. Die Rolle, heute im Stadtarchiv aufbewahrt, zeigt jedoch sämtliche Stadtkirchen und Klöster. Viele von ihnen sind bis heute erhalten und prägen nach wie vor das Stadtbild. So der Turm von St. Petri, der die Altstadt überragt. Diese Kirche St. Petri wurde ab 1523 zum Ort für den engagiertesten Vorkämpfer der Reformation in der Hansestadt: Joachim Slüter.

Joachim Slüter wurde 1490 als Sohn eines Fährmanns in Dömitz an der Elbe (heute Landkreis Ludwigslust-Parchim) geboren. Er studierte in Rostock und wurde 1521 Schulmeister der Kirchspielschule von St. Petri. Die Pfarrstelle war vakant. Zuletzt hatte sie der Arzt Rembert Giltzheim inne, der keine theologische Ausbildung hatte und 1520 heiratete, womit er sich für den Kirchendienst disqualifizierte.

Die Ausnahmeerscheinung: Joachim Slüter

Slüter wurde sein Nachfolger – ein Mann, der aus dem Volke kam und dessen Sprache sprach. Als glühender Bewunderer Luthers lehnte er es ab, die Messe auf Latein zu lesen. Er predigte auf Plattdeutsch und die Handwerker und Hafenarbeiter strömten in Scharen in seine Gottesdienste. Der Zulauf war so groß, dass Slüter im Sommer, wenn es das Wetter zuließ, draußen unter der großen Kirchhofslinde predigte. Er soll ein unerschrockener, kleiner und schwarzhaariger Mann mit Bart gewesen sein. Ein Gemälde aus dem 19. Jahrhundert, das in der Petrikirche hängt, empfindet sein Wirken nach.

Slüters Zuhörer kamen aus allen Kirchspielen der Stadt. In den anderen Kirchen waren die Anhänger der alten Lehre noch tonangebend. Besonders die Rostocker Dominikaner – ihr Kloster befand sich an der Stadtmauer nahe dem Steintor und wurde Anfang des 19. Jahrhunderts abgetragen – waren erbitterte Gegner der neuen Lehre. Ihr Prior Cornelius Snekis verfasste polemische Schriften und sein Ordensbruder Joachim Rotstein bekleidete das gefürchtete Amt des Inquisitors. Die Franziskaner, im Katharinenkloster beheimatet, zeigten sich etwas aufgeschlossener. Schon 1522 soll Stefan Kempe dort im protestantischen Sinne gepredigt haben. Er wirkte später in Hamburg. Bereits 1510–1512 hielt auch Ulrich von Hutten Vorlesungen an der Universität.

»Hüsken, Slüsken und Pracherie«, hieß es abfällig, »gahn to St. Peter in de Predekie«. Das hieß, nur die kleinen Leute, das Pack und die Bettler gehen nach St. Peter in die Predigt. Slüter aber ließ unverdrossen 1525 sein erstes niederdeutsches Gesangbuch herausgeben, 1526 erschien sein neues Gebetbuch mit der Heiligen Schrift.

Luftbild von Rostock mit der St. Petri-Kirche

Es waren nicht die »Brüder vom gemeinsamen Leben«, die seine Werke druckten. Dabei hatten sie 1476 im Rostocker Michaeliskloster die erste Buchdruckerei der Stadt gegründet. Manche der Brüder mögen mit Slüter sympathisiert haben. Sie stellten auch den Rektor der einflussreichen Universität. 1526 brachten sie jedoch noch ein Buch gegen die Lutheraner heraus. Die alte Ordnung schien vorerst Bestand zu haben.

Das Volk war unzufrieden

Doch im Volk gärte es. Wie sehr die Bevölkerung im Spätmittelalter in fast allen deutschen Städten einen politischen und geistigen Wandel ersehnte, wurde auch in Rostock bei der Errichtung des Domstiftes deutlich. Den Bürgern dieser wohlhabenden Hansestadt passte dieser Vorstoß des Herzogshauses nicht, weil damit ihre Selbständigkeit in Gefahr geriet. Eine aufgebrachte Menge demolierte schon zwei Tage nach der Ernennung des herzoglichen Rates Thomas Rohde zum Domprobst den Altarraum der Jakobikirche, Thomas Rohde wurde erschlagen. Doch die Herzöge Magnus und Balthasar – ihre Standbilder sind im Doberaner Münster erhalten – kehrten mit einem großen Heer zurück. Zwar wurden sie geschlagen, aber 1491 erhielten sie nach zähen Verhandlungen doch ihren Willen. Die Rostocker erkannten das Domstift an.

Der Sündenablass empörte alle

Die Saat des Aufruhrs blieb dennoch in der Stadt. Das Selbstbewusstsein des Bürgertums und der offensichtliche Verfall der Kirche, die als moralische Instanz immer weniger taugte, prägten die Stimmung der Rostocker Bürger. Die Möglichkeit, sich einen Sündenablass zu erkaufen, wobei das Geld der Kirche in Rom zugute kam, empörte auch die Rostocker. Rat und Bürgerschaft weigerten sich 1517, einen päpstlichen Ablassverkäufer in die Stadt zu lassen, obwohl er die herzogliche Erlaubnis hatte. 1522 tauchten überall Prediger des neuen Evangeliums auf, »verlaufene Mönche«, junge Geistliche. »Der Boden war bereit«, schreibt der große Kirchenhistoriker Karl Schmaltz in seiner »Kirchengeschichte Mecklenburgs« von 1936. »Immer verbinden sich mit den religiösen Ideen politische Aspirationen, wittert das Volk die Luft der Freiheit.«

Der Kampf der Prediger

Doch es war ein zäher Kampf. Slüter, wegen seiner schwarzen Haare der »schwarze Ketzer« genannt, wurde vorübergehend als Prediger in St. Petri abgesetzt. 1528 schließlich versammelten sich die Bürger vor dem Rathaus und erzwangen die Ernennung des Franziskaners Valentin Korte, eines gebürtigen Lübeckers,

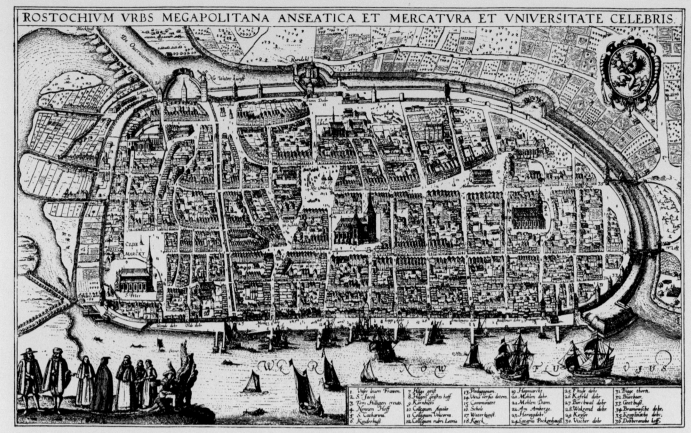

ROSTOCHIVM VRBS MEGAPOLITANA ANSEATICA ET MERCATVRA ET VNIVERSITATE CELEBRIS.

Nach Wenzel Hollar. (1607 — 1677.)

zum Prediger des städtischen Heilig-Geist-Hospitals (es befand sich zwischen Eselföterstraße und Fauler Grube und wurde 1818 abgerissen).

Der Kaplan von St. Marien griff Slüter und seine Anhänger mit deutlichen Worten an. Und als Slüter trotz des bis dahin bestehenden Keuschheitsgebotes für Priester Katharina Jelen heiraten wollte, die Tochter eines Rostocker Kleinschmieds, stellte sich der Rat der Stadt gegen ihn. Er verbot den Stadtmusikanten, bei der Hochzeit aufzuspielen. Dabei war Slüter nicht der Erste, der diesen Schritt tat. Martin Luther hatte bereits 1525 geheiratet, Stralsunds Reformator Christian Ketelhot 1524.

Die neue Kirchenordnung setzt sich durch

Als 1530 Lübeck die neue, vom Reformator Bugenhagen verfasste Kirchenordnung annahm, wurde auch in Rostock der Druck größer. »Um dem ungestümen Vorgehen des Volkes zuvorzukommen«, sorgte der Rat für einen Kompromiss. Beide Parteien sollten sich auf eine gemeinsame Form des Gottesdienstes einigen. Dabei spielte der Stadtsyndikus und Universitätsprofessor Johann Oldendorp eine wichtige Rolle.

Zu einer Einigung kam es 1531 – gegen den Willen der Herzöge. Die lateinischen Zeremonien wurden abgespeckt, Marienzeiten, Prozessionen, Psalmen-, Kraut- und Wasserweihen

verboten. Das Schweriner Domkapitel protestierte. Und obwohl in St. Marien schließlich die Messe in der geforderten Weise gelesen wurde, versammelte sich vor der Kirche ein Haufen erregter Bürger und forderte die Einsetzung eines evangelischen Pfarrers. Das Domkapitel gab dem nach. So wurde am Palmsonntag 1531 erstmals in allen Rostocker Kirchen nach der neuen Ordnung Gottesdienst gefeiert, wobei dies in St. Jakobi ein katholischer Priester tat.

Die neue Messe hält Einzug

Der Hauptgottesdienst, die heilige Messe, war zunächst nach wie vor lateinisch. Erst im Lauf des Sommers wandelte sich das. Slüters zweites deutsches Gesangbuch erschien. Im Jahr darauf wurde das Fleischverbot in der Fastenzeit aufgehoben und den Bürgern untersagt, in den Dorfkirchen der Nachbarschaft die Messe zu hören. 1534 wurde das Franziskanerkloster in ein Armenhaus verwandelt. Die Michaelisbrüder (Brüder vom gemeinsamen Leben) mussten an ihrer deutschen Schule evangelische Lehrer anstellen. Und selbst die Zisterziensernonnen des Heilig-Kreuz-Klosters mussten die evangelische Predigt 1562 dulden. Nur heimlich konnten sie noch ihre Bilderdienste und ihre heiligen Messen abhalten.

Die Klöster durften keine neuen Mönche und Nonnen mehr aufnehmen. Sie bestanden jedoch bis zum Tod ihrer letzten Ordensmitglieder fort. Der letzte Michaelisbruder starb 1571. Das

Heilig-Kreuz-Kloster wurde 1584 in ein evangelisches Damenstift umgewandelt.

Slüter hat das nicht mehr erlebt. Er starb 1532 – kaum 42 Jahre alt. Bis heute hält sich das Gerücht, er sei vergiftet worden. Das steht auch auf seinem Denkmal, das sich an der Nordseite der Petrikirche befindet.

In Rostock hat es keine Bilderstürmer gegeben. Aber auch hier wurden die farbenfroh ausgemalten Kirchen in den Jahrhunderten nach der Reformation überwiegend weiß getüncht. Viel Inventar ist in den Rostocker Kirchen im Zweiten Weltkrieg vernichtet worden. Nur St. Marien brannte im Krieg nicht aus. Der Dreikönigsaltar aus dem abgerissen Dominikanerkloster ist heute im Museum des Klosters zum Heiligen Kreuz zu besichtigen. ●

▶ **MARCUS STÖCKLIN**
ist Autor in Lübeck und Redakteur der Rostocker Ostsee-Zeitung und der Lübecker Nachrichten.

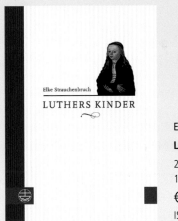

Nach konfliktreichem Beginn kommen gute Jahre

Güstrow als Ort der Reformation

—

VON CHRISTOPH HELWIG

○
Güstrow

Wer sich der Barlachstadt Güstrow von Süden her nähert, wird gern auf der Höhe von Gutow Station machen und das malerische Stadtbild bewundern. Im Vordergrund der Sumpfsee mit den Sumpfseewiesen, auf der anderen Seite der Straße der Inselsee. Im Hintergrund dann die markante Stadtsilhouette: hinter der Stadtmauer der breit gelagerte backsteinrote Dom mit seinem Dach im Rautenmuster, die Pfarrkirche mit dem barocken Turmhelm in der Mitte der Stadt und das prächtige Renaissanceschloss. Sie prägen eindrucksvoll das Stadtbild.

Der Anfang

1226 lag Fürst Heinrich Borwin II., Herr zu Rostock und Werle (bei Güstrow), im besten Mannesalter auf seinem Sterbebett und stiftete den Dom mit den gewaltigen Worten: »Dem furchtbaren Gotte, der zugleich den Odem des Fürsten wie des Bettlers hinwegnimmt, stifte ich, Heinrich, den Ausspruch des Jüngsten Gerichts mit großer Furcht erwartend, diesen Dom. So müssen wir, die wir mehr Macht von dem gütigen Schöpfer empfangen haben, gewiß in steter Furcht leben, wenn wir diese Gewalt nicht mit aller Demut und Zittern gebrauchen ...«

Bald nach seinem Tod wurde mit dem Bau begonnen, doch erst 1335 konnte der Dom geweiht werden. So wuchs auf dem romanischen Fundament eine frühgotische Basilika. Sie hat die bergende Kraft der Romanik, aber sie öffnet sich zur neuen

Dimension der Höhe in der Gotik. Im Jahr 1308 bauten die Bürger ihre Kirche, die Pfarrkirche, auf dem Markt. So war der Dom das vom Fürsten gestiftete Gotteshaus, die Pfarrkirche aber von den Bürgern errichtet. Bis zur Reformation gab es in Güstrow die Dom- und die Schlossfreiheit, es waren eigene Hoheitsbezirke innerhalb der Stadt.

Der konfliktreiche Beginn der Reformation

In Güstrow regierte Fürst Albrecht VII. von 1534–1547, in Schwerin sein Bruder Heinrich V. Jeder hatte seinen Landesteil, aber die Städte waren gemeinsamer Besitz.

Albrecht hielt nach anfänglicher Sympathie mit Luther am alten Glauben fest, sein Bruder öffnete sich der Reformation, allerdings ohne ein Kämpfer für den neuen Glauben zu werden. So gab es in Mecklenburg unklare Verhältnisse. In Güstrow wurde die erste evangelische Predigt 1524 in der Heilggeistkirche, die unterhalb des Schlosses liegt, von einem aus Dänemark kommenden Prädikanten gehalten. So blieb die Heiliggeistkirche für die nächsten Jahre der Ort für die Anhänger des neuen Glaubens. Erst 1533 durfte im Frühgottesdienst der Pfarrkirche im Sinne der Reformation Gottesdienst gefeiert werden. Es kam zu einem Tumult am Palmsonntag, als die gewöhnliche Prozession vom Dom zur Pfarrkirche mit der Weihe der Palmen nicht in die Pfarrkirche kommen konnte, weil die Evangelischen noch nicht mit ihrem Gottesdienst fertig waren: »Ge-

dachter Procession wohnete der Propst selber bey, und da geschah es, daß sie von dem Pöbel zurück getrieben wurden, so daß sie sich kaum retiriren konnten, daß nicht der Pöbel Hand an ihnen legete.« Das Domkapitel versuchte, die neuen Lehren zu verhindern, der Einfluss aber schwand nach dem Tode Albrechts VII. im Jahre 1547. In diesen Jahren der beginnenden Reformation kam der Lübecker Meister, der Bildhauer Claus Berg, nach Güstrow. Er suchte Gemeinden des alten Glaubens. Er kam aus Dänemark, wo die Reformation schon weit fortgeschritten war. So schnitzte er für den Dom die zwölf Apostel, die »Apostel des Nordens«. Sie gehören zu der ganz großen Kunst Norddeutschlands.

Die Pfarrkirche wurde 1503 bei einem großen Stadtbrand zerstört. In fünf Jahren war sie wieder aufgebaut. 1522 ist der Flügelaltar des Bildschnitzers Jan Bormann aus Brüssel in die Pfarrkirche gekommen, ein Kunstwerk von höchstem Rang. So wurde in aller Spannung dieser Zeit auch noch Großes gestaltet.

Fürst Johann Albrecht, der Vollender der Reformation

Albrecht VII. resümierte auf seinem Sterbebett: »Daß er den evangelischen Bund zerrissen habe, darauf wolle er fröhlich sterben.« Seinem Sohn Johann Albrecht legte er ans Herz, beim alten Glauben zu bleiben. Aber hier folgte der Sohn nicht dem Vater. Johann Albrecht war am kurbrandenburgischen Hof erzogen worden, der zum evangelischen Lager übergetreten war. So war er selbst vom neuen Glauben erfüllt und berief evangelisch gesonnene Männer als Berater ins Land. Er förderte Wissenschaft und Künste. Er gab Anstöße, so dass eine rege Bautätigkeit einsetzte.

Johann Albrecht und Heinrich V. beriefen Gerd Oemcke, den Lüneburger Hofprediger, als Dompropst und Superintendenten nach Güstrow. Das Stiftskapitel am Güstrower Dom erkannte Oemcke nicht an, so dass er nicht im Dom predigen konnte, sondern nur in der Pfarrkirche. So hielt sich das Stiftskapitel bis 1552, obwohl sich das Land schon 1549 an der Sagsdorfer Brücke zum neuen Glauben bekannt hatte.

Oemcke hatte durchgesetzt, dass denen ein christliches Begräbnis versagt wurde, die sich zu den »Papisten« hielten. So löste sich das Stiftskapitel auf, zu dem noch drei Stiftsherren und sechs Vikare gehörten. Der Dom blieb über Jahre verwaist, Gottesdienst wurde in der Pfarrkirche gefeiert.

Die Glanzzeit für Güstrow mit Ulrich III. und Elisabeth von Dänemark

Ulrich war der jüngere Bruder von Albrecht. Er regierte von 1555–1604 und hat viel für das Land erreicht. Er heiratete die Prinzessin Elisabeth aus dem dänischen Königshaus. Ihre Zeit in Güstrow ist mit dem Brand der Burg verbunden. So bauten Ulrich und Elisabeth das Güstrower Schloss im Stile der Renaissance neu. Sie beauftragten Franz Parr, den Baumeister aus Oberitalien. 1565 war der Rohbau fertig. Der Dom sollte nun zur evangelisch-lutherischen Hofkirche werden.

Der Dom als Hofkirche

So kam es zu der umfassenden Renovierung und Neugestaltung von 1565–1568. Die reiche Mitgift von Elisabeth ermöglichte die Finanzierung. Der Dom wurde im Sinne der Reformation umgestaltet. Der Lettner, der die Priesterkirche von der Laienkirche trennte, wurde entfernt. An die zentrale Stelle kam die steinerne Kanzel, die in ihrer Form an die erste Kanzel der Reformation in Torgau erinnert. Im Chorraum, wo früher nur die Priester Zutritt hatten, wurde eine Empore für das Fürstenhaus errichtet. Nach dem Augsburger Religionsfriedens war nun der Fürst der oberste Bischof. Die fürstliche Empore war durch einen oberirdischen Gang direkt mit dem

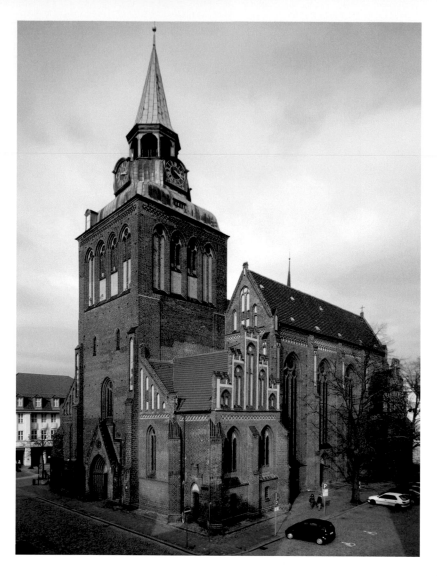

◀
Die Pfarrkirche St. Marien
ist eine dreischiffige
Hallenkirche und hat ihre
jetzige Gestalt nach einer
Restaurierung im 19. Jahrhundert erhalten

▶
Der Altar ist das wichtigste
Kunstwerk der Pfarrkirche
St. Marien in Güstrow.
Er wurde vom Brüssler Bild-
schnitzer Jan Bormann im
Jahr 1522 geschaffen

Hinter Ulrich kniet Elisabeth. Nach ihrem Tode
1585 wurde das Epitaph erweitert, um Raum für die
zweite Ehefrau zu haben, für Anna von Pommern.
Die Epitaphien sind von den Tugenden umgeben:
von Glaube, Liebe Hoffnung und Weisheit, Tapfer-
keit, Mäßigkeit und Gerechtigkeit. Es sollte deutlich
werden: Diese Geschlechter konnten so wirksam
sein in der Geschichte, weil sie von Tugend erfüllt
waren. Die Initialen der Leitsprüche sind unter
ihren Wappen vermerkt:

für Ulrich: HGVVG = Herr Gott, verleih uns Gnade,
für Elisabeth: ANGW= Alles nach Gottes Willen,
für Anna: HGAAN= Hilf, Gott, aus aller Not.

Schloss verbunden, Thron und Altar standen in enger Verbin-
dung. Ulrich ließ im Chorraum große Epitaphien errichten, die
sich an der Nordwand des dreißig Meter langen Chorraums ge-
waltig erheben. Der Niederländer Philipp Brandin hat hier
Meisterwerke der Renaissance gestaltet. Der Dom wurde zur
Grablege des Fürstenhauses. Das Borwinepitaph zeigt uns den
Stifter in liegender Position. Über ihm sehen wir einen großen
Stammbaum, der von 1226 bis zu Ulrich und seiner Tochter
Sophia, der späteren Königin von Dänemark, führt (1557). Der
Stammbaum zeigt, wie ein so kleiner Hof wie Güstrow eine
europäische Bedeutung hatte dadurch, dass der Hochadel bei-
einander blieb. Mit diesem Epitaph machte Ulrich auch An-
sprüche gegenüber seinem Bruder in Schwerin geltend: Die
Güstrower Herrschaft ist tief in der Geschichte verwurzelt.

Ulrich und Elisabeth saßen schon zu Lebzeiten dem Ulrich-
epitaph gegenüber. Es zeigt den Fürsten kniend vor einem Bet-
pult mit der aufgeschlagenen Bibel. Er ist dem Altar zugewandt. Der Herrscher beugt sich vor dem Allmächtigen, er lebt
aus dem Wort Gottes. Ulrich schaut auf den Gekreuzigten im
gotischen Flügelaltar, am Kreuz knien die Stifter des Altars,
Ulrichs Vorfahren Magnus und Balthasar. So kommt eine Kontinuität zum Ausdruck; der eine Glaube verbindet über alle
Umbrüche.

1560 wurde die Domschule am Domplatz gebaut. Sie ist nach
der Wende 1989 im Äußeren wieder im Stil der Renaissance be-
malt und wird im Inneren gerade hergerichtet, um Klassen des
John-Brinckman-Gymnasiums aufzunehmen. So ist in der Zeit
von Ulrich und Elisabeth viel entstanden, was bis in die Gegenwart die Stadt prägt. 1627 residierte für ein Jahr der Feldherr
Wallenstein in Güstrow im Schloss.

Die fürstliche Empore im Dom ist bei der Renovierung 1865
abgebrochen worden, um den Blick zum Altar weiter zu öffnen.
Der Dom wurde von 2003–2013 umfassend renoviert und die
Fassung der Neugotik von 1865–1868 wieder zu neuem Glanz
gebracht. Eine große Aufgabe war die Renovierung der drei
Epitaphien.

Im Dom hat der Schwebende von Ernst Barlach seinen
Platz. Anlässlich der 700-Jahrfeier 1926 sollte ein Ehrenmal
für die Opfer, die in der Ferne begraben waren, entstehen. So
schuf Barlach seinen Engel mit dem Antlitz der Käthe Kollwitz,
1927 brachte Barlach den Schwebenden in das niedrige Gewölbe des Nordschiffs. 1937 wurde der Schwebende als »entartete
Kunst« aus dem Dom entfernt und später »wehrwirtschaftli-

chen Zwecken« zugeführt. Aus dem Mahnmal wurde Kriegs-material. Seit 1953 schwebt der Engel, ein Neuguss, wieder und ist ein Ort der Begegnung.

Am Domplatz befindet sich die Stele, die an Uwe Johnson erinnert. Er hat in der John-Brickman-Schule Abitur gemacht und in seinem Roman »Ingrid Babendererde« die Situation der Jungen Gemeinde in Güstrow von 1953 beschrieben.

Die Gertrudenkapelle

Die Gertrudenkapelle ist ein spätgotischer Bau – idyllisch außer-halb der Stadtmauer gelegen. Lange diente sie als Friedhofs-kapelle, umgeben von dem Gertrudenfriedhof. Aber nachdem der neue Friedhof an der Rostocker Chaussee 1833 angelegt wurde, blieb sie ungenutzt. Barlach liebte diesen Ort und such-te ihn gerne bei seinen Spaziergängen auf. »Hier ließe es sich wohl arbeiten. Das wäre wohl eine Situation für einen Bild-hauer von meiner Beschaffenheit, meinen Arbeiten fehlt eben doch der sakrale Raum.« Aber zunächst gab es ganz andere Pläne der Stadt. 1937 wurde die Gertrudenkapelle hergerichtet als »Ahnenhalle«, hier fanden nationalsozialistische Weihe-handlungen statt. 1957 wurde die Gertrudenkapelle zur Ernst-Barlach-Gedenkstätte.

Die Heiliggeistkirche

Die Heiliggeistkirche ist ein gotischer Backsteinbau aus dem Jahre 1308. Anfangs war sie eine Hospitalstiftung. In ihr wur-de im 16. Jahrhundert die erste evangelische Predigt gehalten. Lange blieb sie ungenutzt und wurde von 2005–2007 saniert, um das Norddeutsche Krippenmuseum aufzunehmen.

Die Pfarrkirche

1533 wird als offizieller Anfang der Reformation in Güstrow genommen; der erste evangelische Gottesdienst in der Stadt-kirche mit dem Heiligen Abendmahl in beiderlei Gestalt wurde in der Pfarrkirche gefeiert. 1583 wurde die steinerne Kanzel hier errichtet. Der kostbare Altar wird zurzeit restauriert, die Arbeiten stehen kurz vor dem Abschluss. Die Pfarrkirche ist umfassend saniert und seit 2010 wieder in der Farblichkeit von 1883 zu erleben, besonders ist das Sterngewölbe hervorzuheben.

▶ **CHRISTOPH HELWIG**
studierte Theologie in Jena, war Pastor in Schwichtenberg und danach 30 Jahre Domprediger in Güstrow. Er lebt in Hamburg.

Der Rat von Stralsund fürchtet sich, betrügt und agiert hilflos

Die Reformation am Strelasund

—

VON HANNS-PETER NEUMANN

Stralsund

»**S**tralsund ist eine sehr gut erbaute Stadt von eitel Ziegelsteinen.« So beschreibt im Mittelalter Thomas Kantzow seine Heimatstadt. Und »die Stadt hat drei schöne Pfarrkirchen, mit hübschen Spitzen geziert, und die Dächer und Spitzen sind mit Kupfer gedeckt. Es gibt ein hübsches Rathaus und andere köstliche Gebäude, drei schöne Klöster, viele Kapellen und Spitäler.« Die stolze Hansestadt am Strelasund zählte um 1400 ca. 13.000 Einwohner und gehörte damit in die Reihe der deutschen Großstädte. Nach dem Frieden zwischen der Hanse und Dänemark im Jahr 1370 hatte die Stadt enormen Aufschwung genommen und sich zu einer der bedeutendsten Fernhandelsstädte Nordeuropas entwickelt. Die wirtschaftliche Grundlage bildete der Handel. Die Handelsschiffe nahmen Kurs auf Riga und Nowgorod, Schonen und das norwegische Bergen, Amsterdam und Brügge. Ein Zeitgenosse vermerkte, »dat alle straten voll wehren van dem gude«.

In Stralsund lebte ein frommes Volk

Dass es in Stralsund zu einem gewaltigen Drängen hin zur Reformation kam, lag an dem reichhaltigen religiösen Leben, das in der Vorstellung wurzelte, sich durch eigene Werke das ewige Seelenheil zu verdienen. Die Kirchen und Kapellen waren voll von Stiftungen und Altären, allein die Nikolaikirche zählte 56. Der Reliquienhandel und Wallfahrten hatten für Menschen, die das Reisen gewohnt waren, große Bedeutung. Bis zum Beginn des 16. Jahrhunderts lebten die Menschen in einer exzessiven Werkfrömmigkeit, die zu einem gewissen »Frömmigkeitsstress« führte.

Dabei stand es nicht gut um die kirchliche Autorität. So berichtet der »Klagzettel der Unterkirchherrn zu Stralsund« vom 21. September 1523: Der Ratsherr Christoph Lorbeer sollte vom an St. Nikolai tätigen Pfarrer Dr. Johannes Otto vor ein geistliches Gericht gestellt werden. Lorbeer wetterte in aller Öffentlichkeit, er werde Otto »und die anderen Pfaffen vom Predigtstuhl (Kanzel), Altären und aus den Kirchen mit Hellebarden, Messern und Spießen stoßen und jagen.« Lorbeer wurde mit dem Bann belegt und durfte die Kirchen nicht mehr betreten. Er tat es trotzdem. Nun mussten Messe und Gesänge so lange aussetzen, wie er in der Kirche war. Lorbeer hatte seine Freude daran, von einer Kirche zu anderen zu gehen. Er wurde zu einem Förderer der Reformation. Seit 1555 erinnert ein Epitaph in St. Nikolai an ihn. In St. Jakobi hatte der Pfarrer Johann Tetzlaff einem Paar die Trauung verweigert. Die Hochzeitsgesellschaft, etwa »vierzig oder fünfzig Personen und Einwohner zum Sunde«, drang in sein Haus ein. Als sie Tetzlaff nicht fanden, ergriffen sie den Kaplan Johann Hornung, trugen ihn in die Kirche und zwangen ihn, die Trauung zu vollziehen. Auch wird berichtet, dass man Priester durch die Straßen jagte, sie in Netzen fing oder in die Stadtgräben trieb.

Unchristliches Gerede und so viel gottloses Wesen

In Treptow hatte sich um Johannes Bugenhagen ein Kreis von Lutheranhängern gebildet. Christian Ketelhodt gehörte zu ihnen. Mit seinem Eintreffen bekam die reformatorische Bewegung in Stralsund eine bis dahin ungeahnte Dynamik. Gleich nach seiner Ankunft machte er sich durch eine Auseinander-

Blendgiebel des
Rathauses zu
Stralsund, dessen
bauliche Anfänge
bis ins 13. Jahr-
hundert reichen.
Das Rathaus gilt
als eines der
bedeutendsten
Profanbauten des
Ostseeraumes

setzung mit dem Prior des Kathari-
nen-Klosters bekannt. Nun baten
ihn angesehene Bürger, darunter der
spätere Bürgermeister Franz Wessel,
»wider die Papisten zu reden«. Wessel war Kirchenvorsteher
von St. Marien und ein frommer Mann. Trotzdem besuchte er
den Gottesdienst immer seltener. Er verachtete es, so viel »un-
christliches Gerede und so viel gottloses Wesen schauen« zu
müssen, wie er selbst rückblickend schrieb.

Ketelhodt predigte zum ersten Mal am 10. Mai 1523, noch
vor den Toren der Stadt. Er zielte mit seinen Worten in das
Zentrum der evangelischen Lehre, nahm vom Evangelium her
Stellung zum Ablass, zu Reliquien und Heiligenlegenden. Der
Zulauf war gewaltig. Der Rat fürchtete um die bisherige Ordnung und um die Vormachtstellung der führenden Familien.
Allerdings wollte er sich alle Optionen offenhalten. So belegte
er Ketelhodt mit einem Predigtverbot. In seiner späteren
Rechtfertigungsschrift äußerte Ketelhodt selbst dazu: »Obwohl der Rat vernommen hatte, dass ich nichts unbillig (= un-
recht) lehrte, konnten sie doch solches nicht beginnen, bevor
sie sehen, wie ihre gnädigen Herren und Landesfürsten, auch
andere Städte, taten; danach wollten sie sich gerne richten.«

Keltelhodt wurde verleumdet. Er sei vormals Henker gewesen und habe ein Buch, in welchem der Teufel stecke. Wenn er
es öffnen würde, flögen so viele Teufel heraus, dass man Ketelhodt selbst gar nicht mehr sehen könne. Und Ketelhodt bloß
angehört zu haben, sei eine unvergebbare Sünde. Der so Ge-
brandmarkte steigt im Juni 1523 auf die Kanzel der Ratskirche
St. Nikolai und rechtfertigt sich. Fortan predigt er an verschiedenen Orten. Aus einer geplanten öffentlichen Disputation mit

dem Ketzerrichter der Dominikaner, Dr. Wendt, wird nichts.
Ketelhodt macht sich rückblickend über ihn lustig: »Da das
Doktor Wendt hörte, setzte er sich auf einen Wagen und fuhr
davon.« Dem Rat war zu diesem Zeitpunkt die Führung in den
kirchlichen Angelegenheiten entglitten. »Pfaffen und Mönche
fragen nicht nach ihnen, achten auch ihre Gebote und Verbote
nicht«, heißt es ernüchternd. Das war nicht verwunderlich,
war der Rat doch selbst tief gespalten. Den altgläubig gesinn-
ten Bürgermeistern Sabel Oseborn und Henning Mörder standen die Bürgermeister Smiterlow und Trittelvitz sowie der
Ratsherr Lorbeer gegenüber, die sich zu den Evangelischen
hielten und Maßnahmen gegen die lutherischen Prediger ver-
hinderten. Neben Ketelhodt gab es nun auch andere, die im Sinne Luthers predigten. So wissen wir von Johann Kureke, der
ebenfalls aus dem Kreis um Bugenhagen stammte, von Johann
Berckmann, Gregorius Zepelin und Gregorius, dem Olden,
einem Kaplan an St. Nikolai. Am 24. Juli 1524 heiratete Ketelhodt und vollzog so offen die Trennung vom alten Klerus.

Forderung nach Gottesdiensten in deutscher Sprache und dem Abendmahl in beiderlei Gestalt »auf Martinische und Böhmische Weise«

Zur Infragestellung der kirchlichen Autorität, die der bereits
erwähnte »Klagzettel« belegt, kam nun auch die Einstellung
von Gebühren und Opfern an die Kirche, die Forderung nach

◄ Die aufwändig gestaltete Kanzel (1611) von St. Nikolai, Stralsund

► Mit der astronomischen Uhr verfügt die Kirche St. Nikolai über ein hervorragendes technisches Denkmal

Gottesdiensten in deutscher Sprache und dem Abendmahl in beiderlei Gestalt »auf Martinische und Böhmische Weise«. Auch wurde gefordert, dass »die Gemeinde das Recht habe, Prediger und Kirchherrn nach ihrem Gefallen zu berufen, ein- und abzusetzen und nicht die Fürsten oder andere«. Als Reaktion auf den Klagzettel verbot der pommersche Herzog Bogislaw am 24. September 1523 das Predigen der »entlaufenen Mönche«. Der Stadt wurde vorgeworfen, das Treiben »dem Worte Gottes und dem Evangelium zuwider« geduldet zu haben. Der Herzog zitierte den Oberkirchherrn Hippolyt Steinwer umgehend in die Stadt, um das Kirchenwesen vor dem endgültigen Zusammenbruch zu bewahren. Steinwer tat sein Möglichstes. Er schlug dem Rat vor, »gelehrte Prediger« aus Nürnberg, Magdeburg, Hamburg oder Lübeck zu berufen. Aber zu diesem Zeitpunkt war es mit dem Auswechseln einiger Personen nicht mehr getan. Der Vorsteher des Franziskanerklosters, Hennig Budde, hatte sich sogar eine neue Kanzel hoch am Gewölbe der Johanniskirche bauen lassen, welche er unmittelbar vom Kloster aus erreichen konnte. Der Weg durch die Kirche war ihm nicht mehr sicher genug. Der Prior der Dominikaner war bereits einmal von der Kanzel gezerrt worden. In St. Nikolai warfen Frauen mit ihren Pantoffeln nach einem Mönch, der gegen die Lutherischen hetzte. Sodann wurde er auf den Alten Markt geschleppt, wo er mit dem Tod bedroht wurde. Das Eingreifen des Rates rettete ihm das Leben, und die Dominikaner mussten gegen ihren Willen gezwungen werden, dem Mönch in ihrem Kloster Schutz zu gewähren.

Der Rat betrügt. Er nimmt mehr Geld ein, als ausgegeben werden muss

In der Stadt wuchs derweil das Misstrauen gegenüber dem Rat, Misswirtschaft und Selbstsucht wurden angeprangert. Neben Wessel wurde Rolof Möller zum Sprecher der innerstädtischen Opposition. Möller war verwandt mit den vornehmen Familien der Stadt. Im Nachlass seines Großvaters, eines Bürgermeisters, war er auf ein brisantes Buch gestoßen: ein städtisches Einnahmebuch. Möller rechnete und kam immer wieder zum selben Ergebnis: »Der Rat betrügt. Er nimmt mehr Geld ein, als ausgegeben werden muss.« In der Pfingstwoche 1524 stürmte eine erregte Volksmenge unter Möllers Führung das Rathaus. Man erzwang einen »Ausschuss der 48«, der den Rat kontrollierte. Spätestens nun flossen die Schubkraft der reformatorischen Bewegung und die Kräfte der gesellschaftlichen Opposition, die eine Verbesserung ihres politischen Einflusses erhoffte, zusammen. Die sozialen Fragen und der Einsatz für die Sache Luthers vermischten sich.

Am 22. Juni 1524 nutzte Bürgermeister Oseborn ein für die Altgläubigen günstiges Stimmenverhältnis im Rat, um ein Dekret für die Ausweisung Ketelhodts zu beschließen. Aber Wessel und andere gingen dagegen vor und erklärten: »Der Christian Ketelhodt soll bleiben oder wir setzen unsere Hälse daran«. Die Ausweisung erfolgte nicht. Am selben Tage verlangten die Herzöge Georg und Barnim IX. auf Ersuchen einiger Kleriker vom Rat Schutz für den bedrängten Kirchherrn Steinwer. Von den Herzögen entsandte Räte forderten im August den Rat auf, die ketzerischen Prediger aus der Stadt zu verbannen. Aber der Rat hatte keine Macht mehr, die Entwicklung aufzuhalten, selbst der Schutz Steinwers überstieg seine Möglichkeiten.

Zur Fastnacht 1525 erreichte der Zerfall der bisherigen kirchlichen Autorität seinen Höhepunkt. Hermann Fyrow, Schulmeister an St. Nikolai, ritt mit einer Papstkrone auf dem Haupt in Papstgestalt durch die Straßen und segnete die Menge. Am nächsten Tag ritt er als Kaiser im Harnisch durch die Stadt. Am dritten Tag schließlich zeigte er sich »in Gestalt unseres Herrn Jesus Christus, der die Kranken gesund, die Blinden sehend, die Lahmen gehend macht«. Wohl am gleichen Tag zogen vier Franziskaner einen Pflug durch die Straßen, denn die ketzerische Stadt habe es verdient, untergepflügt zu werden.

Die Martiner brechen die Spinde!

Der 10. April brachte die Entscheidung. Ausgelöst wurde das sogenannte »Kirchenbrechen« durch ein Missverständnis, aber der kleinste Funke genügte, die angespannte Lage zur Explosion zu bringen. Nach einer Armenmusterung herrschte reges Treiben in St. Nikolai, Volk strömte herein. Witwe Frese fürchtete um ihren kleinen Schrein in der Kirche, in dem sie Kerzen und Gebetbücher aufbewahrte. Sie schickte ihre Magd, damit diese, mit einem Messer in jeder Hand, ihren Besitz verteidigte. Die Magd herrschte die übermütigen Gesellen an, die dadurch erst recht ihren Spaß mit ihr trieben und den Schrein umwarfen. Die Magd flüchtete aus der Kirche und rief: »Die Martiner brechen die Spinde!« Im Nu war das ganze Viertel um den Alten Markt in Aufruhr. Frauen rannten zur Kirche, um ihre Spinde zu bergen, die Angehörigen der Zünfte bargen ihre Tücher, Leuchter und Bilder von den Altären. Schließlich endete alles in einem allgemeinen Raffen und Plündern. In blinder Wut wurden schließlich Wappenschilde und Heiligenfiguren zerschlagen. An den Chorschrankentüren ist heute noch zu erkennen, wie die eifernde Menge den Heiligen die Augen ausgestochen hat.

Von St. Nikolai ging es zum Johanniskloster, dann ins Katharinenkloster und nach St. Brigitten. Die Mönche und Nonnen flohen über die Stadtmauer. Ketelhodt wollte die Menge beruhigen, zumal die Ereignisse der Sache der Reformation schadeten, aber er vermochte nicht sich durchzusetzen. Erst am späten Abend schritt der Rat ein. Nun fürchtete man um seine Sicherheit in den Bürgerhäusern. Die Straßen wurden mit Ketten abgeriegelt, etwa 900 Bürger bewaffnet und auch die Klöster und Kirchen erhielten bewaffneten Schutz.

Wer beim Evangelium lebendig oder tot will bleiben, der komme hierher auf diese Seite!

Am folgenden Tag verfügte der Rat die Festnahme der Rädelsführer und die Ablieferung allen Kirchen- und Klostergutes für den 12. April vor dem Rathaus. Dazu hatte sich eine große Menschenmenge versammelt. Der Stadtvogt Schröder hatte einem Plünderer einen Kelch abgenommen und ritt unter die Menge mit dem Ruf, die Lutherschen müssten geblockt und totgeschlagen werden. Die Erregung steigerte sich, ein blutiger Zusammenstoß stand bevor. Da sprang Ludwig Fischer auf eine Fischbank und rief: »Wer beim Evangelium lebendig oder tot will bleiben, der komme hierher auf diese Seite!« Immer mehr Menschen drängten sich um Fischer. Die Reformation hatte Wurzeln geschlagen in Stralsund. Sogleich forderten die Evangelischen eine Erneuerung der Stadtregierung und setzten durch, dass Rolof Möller als Bürgermeister und Franz Wessel neben sieben anderen Evangelischen als Ratsherren aufgenommen wurden. Damit hatten die Evangelischen im Rat eine sichere Mehrheit. Der »Rat der 48« wurde einberufen und der Beschluss gefasst, dass in Stralsund die lutersche Lehre zu gelten habe.

Noch am selben Tag verließ der Oberkirchherr Steinwer die Stadt und ging nach Greifswald. Von dort betrieb er eine Klage vor dem Reichskammergericht gegen Stralsund auf die Wiederherstellung des alten Kirchenwesens. Die Haltung Stralsunds änderte das nicht, auch nicht ein herzogliches Schreiben, dass die Wiedereinsetzung Steinwers forderte. Auch die geflüchteten Priester und Mönche wandten sich nach Greifswald, das der alten Lehre treu ergeben war. Aber nicht alle Priester und Mönche waren geflohen. Einige übten in den folgenden Wochen

◀

▼

Luftbild der Stadt
Stralsund am
Strelasund

Schlussstein im
Gewölbe von
St. Nikolai

noch offen ihre Funktionen aus, bis Mitte Mai der lutherische Gottesdienst eingeführt wurde. Zwei Kaplane Steinwers wechselten die Seite und wurden Prediger an St. Jakobi. Ketelhodt, der das Kirchenwesen vorerst leitete, und Kureke dienten an St. Nikolai, Berckmann und Zepelin an St. Marien.

Vornehmlich soll dafür gesorgt werden, dass Gottes Wort lauter, rein und klar gepredigt werde ohne alle Zusätze

Johannes Aepinus verfasste eine Kirchen- und Schulordnung, die am 5. November vom Rat und den 48 verkündet wird. Damit erklärt sich Stralsund endgültig zu einer evangelischen Stadt. Der erste Satz der Ordnung lautet: »Vornehmlich soll dafür gesorgt werden, dass Gottes Wort lauter, rein und klar gepredigt werde ohne alle Zusätze.« Ihre drei Abschnitte handelten von den Predigern, vom gemeinen Kasten (= Vermögensverwaltung, Besoldung und Armenpflege) und der christlichen Zucht. Aepinus wurde später Pastor an St. Petri in Hamburg.

Im Herbst war auch Johannes Knipstro in Stralsund eingetroffen. 1528 wurde er Pastor an St. Nikolai und Superintendent. Knipstro baute die lutherische Kirche in Stralsund auf. 1531 folgte er dem Ruf nach Greifswald, um dort nach lutherischer Lehre zu predigen. Am 16. Juli hielt er in der dortigen Nikolaikirche die erste lutherische Predigt in Greifswald. Allerdings gab ihm der altgläubig gesinnte Rat eine »unflätige Wohnung« und so geringe Besoldung, »dass er hier würde krepieren müssen.« 1533 kehrte Knipstro nach Stralsund zurück. Gemeinsam mit Ketelhodt nahm er 1534 am Landtag zu Treptow an der Rega teil, auf dem die Reformation für ganz Pommern angenommen wurde. Die ebenfalls dort beschlossene und von Bugenhagen verfasste Kirchenordnung lehnte Stralsund jedoch ab, wahrscheinlich wegen der darin festgeschriebenen Visitationen. Die Stralsunder wollten wohl dem Herzog keinen zu genauen Einblick in die Vermögensverhältnisse geben. Stattdessen suchte man auf dem »Hamburger Theologenkonvent« den Schulterschluss mit den Hansestädten Hamburg, Lübeck, Bremen und Lüneburg. Wegen der verweigerten Visitationen zog Herzog Philipp I.

Knipstro aus Stralsund ab und berief ihn 1535 als Superintendent und Hofprediger nach Wolgast.

Den Prozess vor dem Reichskammergericht verlor Stralsund. 1530 wurde geurteilt, »die Papisten wieder in die Stadt zu nehmen und in ihren vorherigen Stand zu setzen«. Freilich wurde das Urteil nicht umgesetzt. Stralsund legte Berufung ein und die Verhandlungen zogen sich bis 1538 ergebnislos hin. Steinwer soll sich aus Kummer über den negativen Ausgang erhängt haben.

Auch heute noch ist »Stralsund eine sehr gut erbaute Stadt von eitel Ziegelsteinen«. Die drei großen Stadtpfarrkirchen haben die Stürme der Jahrhunderte überlebt. St. Nikolai ist ein Juwel der pommerschen Kirchenlandschaft vor allem durch seine reich erhaltene Ausstattung. Von der ursprünglichen Pracht sind immerhin noch neun mittelalterliche Altäre komplett erhalten. Dazu die Astronomische Uhr von 1394, die monumentale Anna Selbdritt aus dem 13. Jahrhundert, die Reliefs der Rigafahrer aus dem 14. Jahrhundert und viele Kunstwerke der folgenden Epochen. St. Marien hat unter der Fremdnutzung durch die Truppen Napoleons gelitten, aber das Raumerleben in dieser Krone der Backsteingotik ist unbeschreiblich. In beiden Kirchen feiern Christen lebendige Gottesdienste – heute glücklicherweise auch ökumenische. St. Jakobi wurde am 6. Oktober 1944 von Bomben getroffen und diente in der Zeit der DDR als kirchlicher Bauhof und als Ort für die kritische Jugend. Heute wird sie im Zusammenwirken mit der Stadt als Kulturkirche betrieben mit Ausstellungen, Konzerten und Theateraufführungen. Im Johanneskloster ist das Stadtarchiv untergebracht, das Katharinenkloster beherbergt das Deutsche Meeresmuseum. So gehören Kontinuität und Wandel zu dieser lebenswerten Stadt und ihren Kirchen. ●

▶ **HANNS-PETER NEUMANN**
ist seit 1995 Pastor an der Kirche St. Nikolai zu Stralsund. Zuvor war er Pastor im Märkischen Viertel in Berlin. Besonderer Schwerpunkt seiner Arbeit ist heute das Verhältnis von Kirche und Kunst.

An der Universität gezeugt – in den Städten geboren – von den Herzögen erzogen!

Die Reformation in Greifswald
—

VON RAINER NEUMANN

Greifswald

W er vom lichten Innenhof des Pommerschen Landesmuseums in Greifswald durch eine überhohe weiße Tür in einen Raum mit gedimmtem Licht tritt, steht vor dem Croy-Teppich von 1556 – einer Ikone der Reformation in Pommern. Auf dem 6,80 Meter breiten und 4,32 Meter hohen Gobelin sieht man in der Mitte Luther predigend und mit dem Finger auf den Gekreuzigten weisend. Unten stehen das sächsische und das pommersche Herzogshaus und rechts die prägende Gestalt für die Reformation in Pommern: Johannes Bugenhagen.

Greifswald: immer langsam voran

Greifswald hatte am Beginn des 16. Jahrhunderts bis zu 7.000 Einwohner. Davon waren sechs bis acht Prozent Kleriker. Die Stadt war Mitglied der Hanse, ebenso wie Stralsund, und konnte sich trotz des Niedergangs des Städtebundes einigermaßen wirtschaftlich behaupten. Auch die großen Zeiten des Baus der drei Stadtkirchen und der Klöster gingen zu Ende, weil der Bedarf gedeckt war. Die sozialen Unterschiede zwischen der herrschenden Schicht der Ratsmitglieder und einflussreichen Familien, die die alte Ordnung und Machtverhältnisse bewahren wollten, und dem aufstrebenden Handwerkertum und den Zünften führten immer mehr zu sozialen Verwerfungen. Und dies nicht nur in Greifswald, sondern in vielen pommerschen Städten. Gerade das bereitete der Bewegung der Reformation den Grund und Greifswald ist hierfür ein typisches Beispiel.

Machtverhältnisse verschieben sich

Die aufstrebende und wachsende Handwerkerschaft wurde in der Organisation der Zünfte immer stärker ein bestimmendes Element in der Stadt. Auf diesem Hintergrund kam nach dem »Kirchenbrechen« von 1525 in Stralsund eine Reihe von Klerikern aus Stralsund und suchte Zuflucht im altgläubigen Greifswald. Hier fanden sie anfangs gute Bedingungen vor, denn die Universität war keine Stätte von Neuerungen. Die Stralsunder betrieben nach Einführung der Stralsunder Kirchenordnung von Greifswald aus einen Prozess am Reichskammergericht zur Wiederherstellung der alten Ordnung, was der Stadt das Attribut »ehrenreich« eintrug, aber ein Festhalten an der bisherigen Lehre bedeutete. Ein Schlag für den überkommenen Glauben war der Tod des Pommernherzogs Georg I. in der Nacht vom 9. zum 10. Mai 1531, eines kräftigen Unterstützers der katholischen Seite.

Erste evangelische Predigt

Dagegen hatte der Landtag zu Stettin im Mai 1531 die freie Predigt des Evangeliums erlaubt, falls nicht dadurch Unruhen entstünden – das war offensichtlich die größte Sorge, wie es aus zahlreichen Schreiben ersichtlich ist. Dieser Beschluss wurde von den Räten nicht überall weitergegeben und es entstanden daher Unruhen, die vermutlich auch in Greifswald um sich griffen.

»Unflätige Wohnung« für den Reformator

Eine prägende Gestalt war Johann Knipstro, der frühere Franzis-
kanermönch, der am 16. Juli 1531 die erste evangelische Predigt im Greifswalder Dom St. Nikolai über Matthäus 5,20–26
hielt und damit über ein Zentralthema der Reformation sprach:
die Gerechtigkeit, die vor Gott gilt. Die letzte katholische Messe
für Jahrhunderte fand dann – symbolträchtig – am Allerhei-
ligentag, dem 1. November 1531, in Nikolai statt. Allerdings
gab man Knipstro eine »unflätige Wohnung«, die er nur unter
gesundheitlichen Beeinträchtigungen benutzen konnte – ge-
wollt war die Reformation offensichtlich nicht. Der Aufenthalt
von Reformatoren an Orten, wo es etwas zu regeln galt, war
meist begrenzt – siehe Bugenhagens Reisen nach Braunschweig, Hamburg oder nach Kopenhagen. Ähnlich bei Johann
Knipstro, der 1533 nach Stralsund zurückkehrte, nachdem ihm
die Greifswalder finanziell die miserabelsten Bedingungen
geboten hatten. Vor seiner Abreise setzte er noch an den drei
großen Kirchen Prediger des lutherischen Evangeliums ein.
An St. Jacobi war es Matthäus Eggard, der 1520 in Greifswald
immatrikuliert wurde und der 1540 anfing, den Klingelbeutel
in der Gemeinde herumzureichen. Sichtbarste Kennzeichen der
reformatorischen Wende waren das Ende der Heiligenvereh-
rung, die evangelische Predigt und das Abendmahl mit Brot
und Wein für die ganze Gemeinde sowie das Recht, selbst die
Prediger zu bestimmen – dies stärkte die Bürgerschaft und griff
in die Rechte des bisherigen Klerus und der Stadtregierung ein.

Innerer Verfall im Kloster Eldena

Die Veränderungen in Greifswald hatten unmittelbare Aus-
wirkungen auf das fünf Kilometer vor der Stadt an der
Mündung des Ryck gelegene Kloster Eldena – der Keimzelle der
Stadt um 1250. Die Mönche kamen mit den Gedanken Luthers
in Kontakt – der Subprior hatte heimliche Kontakte zu Knipstro nach Stralsund angefangen –, aber auch durch Reisen der
Mönche erfuhren sie von den Lehren Luthers. So begann der
innere Verfall, denn der Widerspruch zwischen dem Evangelium und den überkommenen Bräuchen war zu stark. Bisher
war die Reformation durch die Städte und durch reiseerfahre-
ne Mönche in das pommersche Gebiet gekommen – über die
Reformation in den Dörfern ist wenig bekannt, aber sie haben
sich meist an den umliegenden Städten orientiert, wobei der
Einfluss der lokalen Ritterschaft in der Bewahrung der alten
Ordnung nicht unterschätzt werden darf.

Das Herzogshaus positioniert sich

Die Veränderungen im geistlichen Leben und in den Machtver-
hältnissen der Städte wurden zunehmend zur Sache des pommerschen Herzogshauses, nachdem man zu Anfang nur vor
Unruhen gewarnt hatte, aber sich inhaltlich wenig positioniert
hatte. Im Grunde kann man von »angebahnter Reformation« in
den Städten sprechen, die zuerst noch den Charakter des
Vorläufigen hatte und die 1534 im Beschluss des Landtages zu

Treptow an der Rega ihr Ziel und ihre Verfestigung fand. Dort hatten sich die Fürsten an die Spitze der Reformbewegung gesetzt und dadurch das Heft in der Hand behalten. Ihre Parole für den Landtag war: »Kampf für die Freiheit des Evangeliums« – nicht schlecht als Ausgangsposition. Zur flächendeckenden Einführung der Reformation kam es erst nach dem Landtag von Treptow an der Rega, mit dem das pommersche Herzogshaus die Veränderungen aktiv gestaltete und nicht durch unentschiedene Getriebenheit und Rücksichten in die Hinterhand geriet.

Bugenhagen in Greifswald

Der Greifswalder Croy-Teppich bezeichnet das Jahr 1535 als das Jahr, in dem das Licht der Gnade aufging. Also nicht den rechtlichen Beschluss durch den Landtag Ende 1534, sondern dessen Umsetzung durch Johannes Bugenhagen, der Ende Mai zur Visitation nach Greifswald kam. Erst dieser kirchenrechtliche Besuch führte zu grundlegenden Veränderungen in der Stadt. So legten die Ereignisse der vorgegangenen Jahre die Saat, die nun unter Bugenhagen aufging. Im Juni 1535 kamen die Visitatoren nach Greifswald und der Besuch war, wie die Berichte zeigen, unkompliziert. Bugenhagen schrieb eigenhändig wesentliche Teile des Ergebnisses auf. So wurde das »Superattendenten-Amt« an St. Nikolai eingerichtet, die Katechismuspredigt betont und ein leistungsfähiges Schulwesen geregelt. Weiterhin gab es ausführliche Empfehlungen für die Predigten in den verschiedenen Gottesdiensten und nicht zuletzt Festlegungen über die finanzielle Absicherung des Schul-

und Kirchenwesens. Für St. Nikolai wurden drei Prediger, für St. Marien zwei und für St. Jacobi ein Prediger bestellt und auch für die Armenkasse an den drei Kirchen wurde gesorgt. Die Besoldung war allerdings dürftig. Der Stadtsuperintendent bekam 1535 immerhin 100 Gulden, dem zweiten Prediger am St. Nikolai wurden 50 Gulden zugestanden, aber den Predigern an den beiden anderen Greifswalder Kirchen nur 40 Gulden. Wenig Gehalt, aber viel Ehre, denn die Greifswalder Prediger hatten im Lande eine besondere Geltung, die durch die Einrichtung eines »Geistlichen Ministeriums« betont wurde. Die heute in St. Nikolai befindliche »Bibliothek des Geistlichen Ministeriums« ist der letzte noch bestehende Ausläufer dieses Zusammenschlusses.

Klosterbesitz wird herzogliches Amt

Nun reiste Bugenhagen fünf Kilometer weiter zum Kloster Eldena, wohin auch die beiden pommerschen Herzöge kamen, hatten sie doch ihren Blick auf die Klostergüter gerichtet. Auch hier gingen die Verhandlungen recht zügig vonstatten. Der Abt und die Mönche konnten bis zum Lebensende im Kloster bleiben; das Kloster wurde in ein herzogliches Amt umgewandelt. Die reformatorischen Neigungen so mancher Mönche führten zu einem vom Herzog finanzierten Studium in Wittenberg. Dazu machte Bugenhagen ein Examen mit den betreffenden Herren, die aber durch Bugenhagens Famulus' präpariert worden waren – Bugenhagen soll das später mit Humor zur Kenntnis genommen haben, heißt es.

Das Amt des Generalsuperintendenten

Die Ausgestaltung des pommerschen Kirchenwesens führte auch zur Errichtung des Amtes der Generalsuperintendenten. Als Erster wurde der in reformatorischen Dingen aus Stralsund und Greifswald bekannte Johann Knipstro mit Amtssitz beim Pommernherzog in Wolgast berufen. Im Dom St. Nikolai hängt ein lebensgroßes Gemälde seines Nachfolgers Jacob Runge: einer der bedeutendsten Theologen Pommerns, der dieses Amt in prägender Weise von 1557 bis 1595 innehatte. Mit 21 Jahren wurde er als Magister in Greifswald promoviert und wurde mit gerade einmal 26 Jahren Professor der Theologie. Unter seiner Leitung als Generalsuperintendent beschloss die Generalsynode im Jahre 1563 – die erste fand schon 1541 in Greifswald statt – eine neue Kirchenordnung, die bis ins 20. Jahrhundert Geltung hatte. Sie regelte vor allem den Ausbau des landeskirchlichen Systems. Hauptaufgabe des Generalsuperintendenten, der später seinen Sitz in Greifswald hatte, waren die Visitationen, da er so die Durchführung der Reformation bei allen in den Gemeinden auftauchenden Problemen regeln konnte. Nicht selten riefen Städte, Synoden oder Pfarrer den Generalsuperintendenten zur Visitation, die dann auf Befehl des Herzogs durchgeführt wurde. Allerdings weigerten sich Stralsund und Greifswald, Visitatoren zu empfangen. Sicher nicht einfach für Runge, spricht es doch für eine selbstbewusste Pfarrer- und Bürgerschaft in den Städten. Ungewöhnlich für heutige Verhältnisse ist, dass sein Sohn Friedrich Runge sein Nachfolger wurde. Den Verlauf der reformatorischen Vorgänge in Pommern hat der Kirchenhistoriker Norbert Buske prägnant festgehalten: An den Universitäten und Schulen war die Reformation gezeugt worden, in den Städten wurde sie geboren, großgezogen und erzogen wurde sie von den Fürsten. Die Reformation in Greifswald wandelte sich – nicht untypisch für Aufbrüche – von der spontanen Bewegung in institutionelle Verfestigung. Aber es gilt seit Reformationszeiten: ecclesia semper reformanda – die Kirche bedarf der stetigen Erneuerung. ●

▶ **RAINER NEUMANN**
 ist Pfarrer und war Synodalassessor in Wuppertal, Superintendent in Greifswald, Pressesprecher der Pommerschen Evangelischen Kirche. Im Ruhestand schreibt er zu historischen Themen der frühen Neuzeit.

Zu den Pfarrwitwen und Pfarrtöchtern

Mit der Ehe im Pfarramt musste die Reformation ein neues Problem lösen: Wie werden Pfarrwitwen und Pfarrtöchter versorgt? Das Einkommen der Prediger war meistens äußerst dürftig. Der Stralsunder Reformator Knipstro konnte nur »durch die Kunstfertigkeit seiner Frau im Sticken« überleben. Daher konnten sie ihren Frauen auch keine »Witwenrente« hinterlassen. Was also tun nach dem Tode eines Pastors? Schon die pommersche Synode von 1543 legte fest, dass Wohnungen zur Verfügung gestellt werden sollten, auch sollte ein halbes Jahr das Einkommen weiterlaufen – später wurde es das »Gnadenjahr«. Es gab die Regelung, dass ein Nachfolger die Witwe zu heiraten hat – oder eine Tochter. Dies nannte man: die Konservierung der Pfarrwitwen. Es führte wiederum zu Problemen bei mancher Pfarrstellenbesetzung, wie man sich denken kann. 1604 gab es in St. Marien in Greifswald eine Neubesetzung. Pastor Joachim Bering hatte wohl zugesagt, die Witwe zu heiraten, dachte aber nicht daran, denn er hatte eine nette Stralsunderin, der er sehr zugetan war. Erst einmal das Amt haben, hatte er sich gedacht. Dies führte zu einem langen Prozess und Stellungnahmen des pommerschen Herzogshauses. Die Sache hatte sich dann erledigt, denn 1608 heiratet Bering seine Barbara Preuss. Die Akten berichten einen besonderen Fall. Als der Pfarrfrau Margarete Prütz an St. Nikolai in Greifswald der Mann 1597 starb, heiratete sie den Nachfolger, der 1613 verstarb, und eine dritte Heirat fand mit dessen Nachfolger statt, der aber schon 1618 verschied. Dessen Nachfolger heiratete eine Tochter von Margarete Prütz. Wie diese Familientradition weiterging, ist nicht bekannt …

REFORMATION IN GESCHICHTE UND GESCHICHTEN

Die Reformationsjahre in Mecklenburg und Pommern waren aufregende Jahre. Sie fielen in eine Zeit der politischen und wirtschaftlichen Umbrüche und Auseinandersetzungen. Die kirchlichen und die weltlichen Mächte waren zersplittert, was die Einführung der Reformation nicht einfacher machte.

Der Croy-Teppich (Gobelin 6,80 m x 4,32 m) ist ein einzigartiges Zeugnis aus der Zeit der Reformation. Nach einem Entwurf der Cranachschen Werkstatt wurde er 1554 von Herzog Philipp I. von Pommern in Auftrag gegeben und in Stettin angefertigt. Er befindet sich heute im Besitz der Greifswalder Universität. Die Figuren sind rings um den predigenden Martin Luther angeordnet. Außerdem finden sich im Hintergrund die Reformatoren Philipp Melanchton und Johannes Bugenhagen

Theologe, Visitator, Prediger und Kirchenpolitiker

Johannes Bugenhagen – der Mann der Reformation in Norddeutschland

—

VON ANNELIESE BIEBER-WALLMANN

Schon der Beiname »Pomeranus« weist Johannes Bugenhagen (1485–1558) als Norddeutschen aus. Die Reformation in Norddeutschland ist untrennbar mit dem Wirken dieses Mannes verbunden. Bugenhagen war Rektor einer Lateinschule in Treptow an der Rega und Priester, als er sich mit sechsunddreißig Jahren entschloss, Student in Wittenberg zu werden. Nach seiner Ankunft in Wittenberg begann er bald, Vorlesungen über biblische Bücher zu halten – zuerst privat vor pommerschen Landsleuten, dann im Auditorium der Universität. Zwei Jahre später, im Herbst 1523, sorgte Luther dafür, dass der Pommer (so nannte er ihn mit Vorliebe) Pfarrer an der Wittenberger Stadtkirche wurde. Von da an trat Bugenhagen auch als Autor in Erscheinung. In Druckschriften fasste er die reformatorische Lehre mit einfachen Worten zusammen; aus den Vorlesungen wurden gedruckte lateinischsprachige Kommentare zu biblischen Büchern, die auch in Süddeutschland große Resonanz fanden.

Bugenhagens Ordnungen des christlichen Lebens

Der reformatorische Aufbruch vollzog sich zunächst in den Städten. Als die Bürger in Braunschweig ihr Gemeinwesen erneuern wollten, beauftragten sie Bugenhagen, eine Ordnung in niederdeutscher Sprache zu erstellen. Für Monate zog Bugenhagen, der seit 1522 verheiratet war, mit seiner Familie nach Braunschweig. Dort predigte er und sprach mit den führenden Männern aus Kirche und Politik. Sein Ziel war eine Gemeinde, in der die Menschen aus dem rechten Glauben heraus nach dem Maßstab von Gottes- und Nächstenliebe leben sollten. Die Ordnung wurde 1528 angenommen, ihr Titel: »Der Erbarn Stadt Brunswig Christlike ordeninge to denste dem hilgen Euangelio, Christliker leeve, tucht, freede vnde eynicheit«. Die Abschnitte »Van der Dope« und »Van den Scholen« stehen am Anfang, denn aus der Kindertaufe folgte für Bugenhagen die Notwendigkeit einer christlichen Erziehung. Für den Aufbau der Gemeinde betrachtete er die Predigt des Evangeliums als grundlegend. Er beschrieb die vielfältigen Aufgaben der Prediger im Abschnitt »Van den Predicanten«. Wie sehr der Pommer die Praxis im Blick hatte, geht aus den Abschnitten »Van den gemeynen Casten der Armen« und »De Schadt Casten« hervor. Die Mittel aus den Armenkästen sollten der öffentlichen Fürsorge an Bedürftigen dienen, die Schatzkästen waren für die Besoldung des kirchlichen Personals bestimmt.

Anders als in den Städten mit ihrem starken bürgerschaftlichen Engagement galt es in Flächenstaaten die Machtansprüche der Landesherren zu bedenken, wenn eine reformatorische Ordnung eingeführt werden sollte. Bugenhagen erarbeitete Kirchenordnungen für Pommern (1535), für Schleswig und Holstein (1542) sowie für das Land Braunschweig-Wolfenbüttel (1543). Sogar außerhalb des deutschsprachigen Raums wirkte er – in Kopenhagen wurde 1537 seine Kirchenordnung für Dänemark und Norwegen angenommen. Wie kam es dazu, dass der Pommer einen so weitreichenden Einfluss ausüben konnte?

Vom humanistischen Reformer zum Kämpfer für das neu entdeckte Evangelium

Bugenhagen war nicht unvorbereitet nach Wittenberg gekommen. Zwar hatte er von 1502 an nur zwei Jahre lang an der Universität Greifswald studiert, danach aber bildete er sich selbständig weiter. Wie man aus seinem Briefwechsel ersehen kann, beschäftigte sich Bugenhagen ab 1512 mit den Werken der Kirchenväter und des Zeitgenossen Erasmus von Rotterdam. Damit gehörte er zur Bewegung der sogenannten Bibelhumanisten: Statt der mittelalterlichen, scholastischen Theologie zogen diese zur Auslegung der Bibel die christlichen Schriftsteller der Antike heran; die Zustände in der zeitgenössischen Kirche sahen sie kritisch.

»Der ehrwürdige
Herr Doctor Johannes
Bugenhagen Pomeranus«,
1579, Lucas Cranach d. J.

Ein humanistischer Kreis hatte sich um Johannes Boldewan, den Abt des Klosters Belbuck bei Treptow, gebildet. Boldewan beauftragte Bugenhagen 1517 damit, Vorlesungen über biblische Bücher zu halten. Bugenhagen predigte auch. Aus dem Jahr 1519 oder 1520 bewahrte er eine Predigt vom Peter- und Paulstag im Kloster Belbuck auf. Die Hörer waren gekommen, um Ablässe zu erhalten, doch für Bugenhagen spielten die Ablässe keine Rolle. Im Sinne des Erasmus von Rotterdam rief er dazu auf, die veräußerlichte Frömmigkeit hinter sich zu lassen und den Aposteln in der Nächstenliebe nachzufolgen.

Verantwortung für die Menschen in der Heimat

Knapp ein halbes Jahr nach seiner Ankunft in Wittenberg, am 6. September 1521, schrieb Bugenhagen an Johann Suave, den wichtigsten Kirchenjuristen des Camminer Bischofs Martin Karith. Er warnte Suave – und damit die kirchenleitenden Männer in Pommern – vor einer Ablehnung des von Luther neu entdeckten Evangeliums. Eine solche Ablehnung komme der Sünde gegen den Heiligen Geist gleich, die in Matthäus 12,31 als nicht vergebbar bezeichnet wird.

Während der folgenden Jahre begleitete der Pommer die Geschehnisse in der Heimat mit großer Anteilnahme. Unter Herzog Bogislaw X. nahm die Kirchenpolitik einen unklaren Verlauf. Einerseits duldete der Herzog 1523 den evangelischen Prediger Paul vom Rode in Stettin, andererseits gab er im September desselben Jahres scharfe Erlasse an die Städte Stralsund und Greifswald heraus, die das Auftreten »aufrührerischer Prediger und entlaufener Mönche« verhindern sollten. Bogislaw starb am 5. Oktober 1523; seine Nachfolger waren die Söhne Georg I. und Barnim IX.

Bugenhagen griff nun auf sein früheres Schreiben an Johann Suave zurück, erweiterte es um eine Anleitung zum rechten Lesen der Psalmen und ließ es Ende 1523 oder Anfang 1524 drucken. Sein flammender Appell, sich nicht der Sünde gegen den Heiligen Geist schuldig zu machen, galt damit den Pommern ebenso wie Lesern in anderen Städten und Ländern. Die lateinische Schrift »Epistola de peccato in spiritum sanctum« wurde von einem österreichischen Schulmeister ins Hochdeutsche übersetzt und unter dem Titel »Was vnd welches die sunt sey in den heyligen geist« herausgegeben. Von beiden Versionen, der lateinischen und der hochdeutschen, sind jeweils drei Druckausgaben erhalten. •

▶ **DR. THEOL. ANNELIESE BIEBER-WALLMANN**
arbeitet als Wissenschaftliche Angestellte am Seminar für Kirchengeschichte I an der Evangelisch-Theologischen Fakultät der Westfälischen Wilhelms-Universität Münster. Sie ist Herausgeberin von Johannes Bugenhagens Reformatorischen Schriften.

Wie die Türken die evangelische Sache in Mecklenburg beschleunigten

Die Reformation in Mecklenburg
—

VON MITCHELL GRELL

Sternberg

In der vorreformatorischen Zeit war das heutige Mecklenburg unter fünf Bistümern aufgeteilt, die zu verschiedenen Erzbistümern gehörten. Es gab keine kirchliche Einheit auf dem Gebiet Mecklenburgs außer der Bindung aller Bistümer und Gemeinden an das Oberhaupt in Rom. Auch die politische Macht war im 16. Jahrhundert noch geteilt. Nach dem Tod von Magnus II. im Jahre 1503 regierte Herzog Heinrich V. das Herzogtum für sich und seinen jüngeren Bruder Albrecht VII. Er verstand es, lange allein zu regieren. Aber der jüngere Bruder bestand seit 1513 auf einer Teilung der Herrschaft im Land. Der »Neubrandenburger Hausvertrag« von 1520 teilte das Land in einen Heinrichs-, einen Albrechts- und einen Gemeinschaftsteil. Das Land wurde geteilt, während die Regierung gemeinschaftlich geführt werden sollte, was die Rivalität der Brüder steigerte. Beide hegten stets den Verdacht, der andere Bruder wolle die eigene Macht schwächen.

Am Gelde hängt (fast) alles

Einen Machtfaktor bildeten die begüterten Adelsfamilien des Landes. Wegen ihrer ständigen Geldnot waren die beiden Landesherren auf die Hilfe dieser Familien angewiesen. Die wussten die Rivalität der sich streitenden Brüder zu ihrem eigenen Vorteil zu nutzen. Politisch spielte die Kirche eine bestimmende Rolle. Ihr gegenüber hatte der Landesherr selten Rechte, vielmehr nur die Pflicht, die Kirche gegen Gewalt zu schützen.

Die Kirche entschied, wie viel vom Zehnten sie den Herzögen für diesen Dienst überlassen wollte. Immerhin hat der Reichstag zu Köln 1512 den Fürsten größere Rechte gegenüber der Kirche eingeräumt.

Die Macht der Kirche basierte auf ihren finanziellen Ressourcen. Viel Geld floss nach Rom, weil sich der päpstliche Stuhl die Ernennung von Bischöfen, die Neubesetzung von Pfarrstellen, die Anhörung von Klagen, Vermittlungsdienste und Urteile in Streitfällen gut bezahlen ließ. Die ergiebigste Geldquelle sowohl des päpstlichen Stuhls wie auch der Kirche vor Ort war der Ablasshandel.

Der ärgerliche Ablasshandel

Im Zeitalter der Reformation sollte der Erwerb eines Ablasses die Strafen des Fegefeuers nach dem Tod abkürzen. Ein Rundgang um den Kirchhof in Cammin bei Laage brachte z. B. 40 Tage Ablass, das war quasi »Ablass light«. Der Schweriner Dom konnte sich der Ablassbriefe von vier Päpsten rühmen. Zählte man die in Aussicht gestellten Jahre zusammen, so kam man auf die stattliche Zahl von 1277 Jahren, die man sich durch den Besuch der Kirche und durch eine entsprechende Spende für die Bauarbeiten am Dom erwerben konnte.

Der Zehnte wurde fleißig von bischöflichen Behörden eingetrieben. Dem, der nicht ein Zehntel seines besten Korns an die Kirche abgab, drohte die Verweigerung einer kirchlichen

Bestattung! Hinzu kamen die Messen, die Priester und Vikare überall im Land zu fast jedem Anlass täglich gelesen haben. Hiermit verdienten sich die meisten ihren Lebensunterhalt. Die Kirchen Mecklenburgs enthielten viele Altäre, an denen tägliche Messen gelesen wurden. Dafür waren viele Pfarrherren, Kapläne und Vikare erforderlich – man schätzt die Anzahl der Geistlichen in Mecklenburg um 1500 auf etwa 2.300 bei einer Bevölkerung von circa 130.000. Dazu kamen Hunderte von Mönchen und Nonnen in den 16 Mönchs- und 12 Nonnenklöstern.

Der Ablasshandel und die damalige Messpraxis waren mit der Volksfrömmigkeit engstens verquickt. Heiliges Blut verehrte man nicht nur in Schwerin und Sternberg, sondern auch in Güstrow und Krakow. Es gab wunderwirksame Marienbilder in der Marienkirche zu Rostock und in der Dorfkirche in Zurow bei Neukloster. Auch der Heiligendienst stand in höchster Blüte. In den unzähligen Altären des Landes strahlten die Heiligenfiguren – manche von ihnen galten als besonders schutzkräftig. Apollonia half gegen Zahnschmerzen, Katharina gegen Hals- und Zungenleiden, Valentin gegen Fallsucht usw., und wer den heiligen Christoph gesehen hat, sollte an dem Tag nicht sterben!

Volkes Frömmigkeit und die evangelische Botschaft

Wegen dieser Volksfrömmigkeit muss die Botschaft aus Wittenberg auf die meisten im Lande geradezu sektiererisch gewirkt haben. Die Gegner der Reformation warfen den ersten evangelischen Predigern vor, sie seien Ketzer und vom Glauben abgefallen. Die reformatorische Botschaft von Gottes Gnade und Heil in Jesus Christus ohne die Gerechtigkeit der eigenen Werke fiel anfangs auf fruchtbaren Boden eher in den Kreisen von kritisch denkenden Geistlichen, Gelehrten und Adligen und in den wenigen Gemeinden, wo solche agierten. Ohne die Unterstützung des Landesherrn wären auch diese zarten Anfänge der reformatorischen Bewegung in Mecklenburg kaum möglich gewesen. Selbst in Rostock, wo der Kaplan Joachim Slüter 1523 in der Petrikirche anfing, evangelisch zu predigen, und massenhaft »hüßken Slüßt und Progerye« = »arme Leute und Darbende« anzog, wie der Rat und die Vornehmen der Stadt herablassend zu sagen pflegten, konnte Slüter sich jahrelang nur dank des Einsatzes des Hauptpatrons der Kirche, Herzog Heinrich V., halten. Aber selbst wo die Mehrheit der Menschen in einer Stadt die Reformation und evangelische Prediger auf ihren Kanzeln verlangte, wie etwa 1525 in Friedland, war mit einem Dauerkampf gegen den jeweiligen Bischof zu rechnen. Als etwa Mitglieder der Familie von Plessen 1526 versuchten, die Pfarrstelle in dem Dorf Gressow bei Klütz eigenmächtig mit dem evangelischen Prediger Thomas Aderpul zu besetzen, ließ der Ratzeburger Bischof, Georg von Blumenthal, Aderpul nachts verhaften und in den Kerker des Schönberger Schlosses einsperren. Der Versuch von etwa 100 Mann zu Ross aus dem Klützer Ort, ihn am 27. Dezember aus der Haft zu befreien, scheiterte. Um wieder Ruhe im Klützer Winkel herzustellen, versetzte Heinrich V. diesen frühen Reformator nach Malchin, wo die große Mehrzahl der Bürger einen evangelischen Prediger begehrte.

Der Streit in der Familie der Herzöge

Heinrich V. selbst hatte Luther vielleicht auf dem Reichstag zu Worms im April 1521 schon erlebt. Auf jeden Fall interessierte er sich bereits früh für die Schriften des Reformators. 1523 hatte er zusammen mit Herzog Bugislav von Pommern Luther in Wittenberg heimlich aufgesucht und gesprochen. Heinrichs Offenheit und Begeisterung für die evangelische Lehre stießen schnell an ihre Grenzen, die die politischen Verhältnisse im Land ihm setzten. Sein Bruder Albrecht VII. und seine Frau Anna von Brandenburg hatten sich zunächst der lutherischen Bewegung angenähert, hatten sogar einen Hofprediger aus Wittenberg bestellt, waren aber auf Anraten von Annas Vater, Kurfürst Joachim I. von Brandenburg, wieder in den Schoß der katholischen Kirche zurückgekehrt. Albrecht nutzte nicht selten Heinrichs Nähe zur lutherischen Reformation als Mittel im Kampf um die Vormachtstellung in Mecklenburg.

Heinrich pflegte seine Neutralitätspolitik bis 1533. Er förderte zwar die Reformation in seinem Landesteil, bekannte sich aber nicht eindeutig zur evangelischen Sache. Da war kluges Taktieren angesagt. Beschwerten sich etwa Vertreter der

Kirche gegen evangelische Prediger, die er selber eingesetzt hatte, musste er dem Anschein nach den Beschwerden nachgehen, auch wenn sie von vornherein unbegründet waren. Gegebenenfalls musste er sogar den Prediger eine kurze Zeit absetzen. Auf dem Reichstag zu Speyer 1529 reihte er sich nicht in die Reihe der Protestanten ein. Er gehörte auch nicht zu den Unterzeichnern des Augsburger Bekenntnisses im Jahre 1530 und trat dem Schmalkaldischen Bund, dem Defensivbündnis der evangelischen Landesfürsten, nicht bei. Aber hinter den Kulissen strebte er mit seiner Personalpolitik die Reformation der Kirche in Mecklenburg an: Antonius von Preen, der in Wittenberg studiert hatte, wurde 1520 geistlicher Vorsteher des Schweriner Sprengels; der Wismarer Konrad Pegel und der Westfale Arnold Burenius, beide Schüler von Luther und Melanchthon, setzte Heinrich als Lehrer seines Sohnes Magnus ein. Pegel und Burenius wirkten später bei der Besetzung von frei gewordenen Professorenstellen in Rostock mit; zu den engen Beratern des Herzogs gehörte der Edelmann Dietrich von Maltzahn zu Grubenhagen, der als junger Mann in Wittenberg studiert, sich schon früh für die Reformation entschieden und auf seinem Landgut eine der frühsten evangelischen Kirchen-

◀

Die Dorfkirche in
Zurow. Wegen des
wundersamen
Marienbildes war
die Kirche ein
zentraler Ort der
Volksfrömmigkeit
Mecklenburgs

▶

Herzog Albrecht VII.
von Mecklenburg
(1488–1547) und
seine Gemahlin Anna,
Tochter des Kurfürs-
ten Joachim I.
von Brandenburg
(gest. 1567), zeit-
genössischer Stich

gemeinden des Landes mit hoch gebildeten Pastoren und Lehrern eingerichtet hatte. Allerdings gehörten auch »Altgläubige« zum engen Kreis der herzoglichen Berater.

Wegen der Türkengefahr gab der Kaiser Ruhe

Politisch entspannte sich die Lage, als Karl V. wegen der Türkengefahr auf die Hilfe der Evangelischen angewiesen war. Nun trat auch Heinrich V.
offiziell zum evangelischen Bekenntnis über. Anfang 1533 empfing er zum ersten Mal das Abendmahl in beiderlei Gestalt – Brot und Wein. Nun wurde die Reformation zumindest im Heinrichsteil des Landes und zum Teil auch im Gemeinschaftsteil gezielt durchgeführt. Heinrich erstrebte dabei einen »mittleren Weg«. Er bestand darauf, dass in den Kirchen
das Evangelium offen und rein verkündigt werde. Er wollte
aber, dass man die bisherige Gottesdienstform und die bisher
üblichen Zeremonien beibehielt.

In der Zwischenzeit hatte sich das Blatt in Rostock gewen-
det. Die Reformation, die Slüter begonnen hatte, konnte dank
des Einsatzes des Stadtsyndikus und Universitätsprofessors,
Johann Oldendorp, endlich in den Jahren 1529 und 1530 eingeführt werden. Im März 1531 bekannte sich der Rat öffentlich
zur Reformation. In Wismar setzte sich die Reformation durch
das Wirken des umstrittenen Heinrich Nevers noch schneller
durch. Hier hatte der Rat schon 1526 eine Änderung der Gottesdienste angeordnet. In den Ackerbürgerstädten im Heinrichsteil und in einigen Kleinstädten im Gemeinschaftsteil gab es
schon um 1533 evangelische Gottesdienste. Allerdings hat
Albrecht VII. viele evangelische Prediger im Gemeinschaftsteil wieder abgesetzt und vertrieben. Die Lage beruhigte sich

schon nach kurzer Zeit, weil sich Albrecht Hoffnungen auf den
Dänischen Thron machte. Anfang 1534 beschlossen die beiden
Brüder für den Gemeinschaftsteil, dass in Städten mit zwei
Pfarrkirchen wie Parchim, Güstrow und Friedland die Evangelischen eine und die Altgläubigen die andere Kirche für ihre
Gottesdienste erhielten. In Städten mit nur einer Pfarrkirche
wie Neubrandenburg und Malchin durften die Evangelischen
die Kirche sonntags und feiertags zwischen 6 und 8 Uhr benutzen. Danach durften die Altgläubigen das Hochamt in der Kirche feiern. Während Rostock und Wismar ganz evangelisch
waren, blieben alle Gemeinden im Albrechtsteil katholisch.
Evangelische Prediger wurden des Gebietes verwiesen.

Der desolate Zustand vieler Kirchen und Gemeinden

Als Albrecht 1535 wegen seiner Dänemarkpläne außer Landes
war, ließ Heinrich eine Visitation in seinem Landesteil und im
Gemeinschaftsteil durchführen. Sein Hofprediger Egidius Faber und der Prädikant Nikolaus Kutzke aus Neubrandenburg
wurden zu dieser Aufgabe bestellt. Ihr Bericht legt Zeugnis

Die mecklenburgischen Herzöge stellen sich auf die Seite der Reformation

Währenddessen gingen Albrechts Hoffnungen auf die Dänische Krone nicht in Erfüllung. Er war hinterher hoffnungslos verschuldet, verbittert und auf die Gunst des Kaisers angewiesen. Er wurde jetzt auch zu einem Feind der evangelischen Bewegung. Als er 1547 starb, äußerten die Sprecher der Stände die Bitte, die neuen Herren mögen das Wort Gottes im Lande verkündigen lassen. Bei Albrechts ältestem Sohn und Nachfolger im Albrechtsteil, Johann Albrecht, traf diese Bitte auf offene Ohren. Doch sprach die politische Lage gegen eine Fortsetzung der Reformation. Nach der Niederlage der Protestanten in der Schlacht bei Mühlberg am 27. April 1547 zwang der Kaiser den Evangelischen das »Augsburger Interim« auf, das die Rückkehr zur katholischen Kirche zur Folge gehabt hätte.

Trotzdem förderten Johann Albrecht und sein Onkel Heinrich ab 1548 eifrig die Reformation im ganzen Herzogtum. Die Aktivitäten der beiden Herzöge blieben dem Kaiser nicht verborgen, und dieser verlangte ultimativ von ihnen eine Stellungnahme zum Augsburger Interim. Auf dem Landtag der Mecklenburgischen Stände am 20. Juni 1549 an der Sagsdorfer Brücke bei Sternberg erklärten die Stände, bei der evangelischen Lehre bleiben zu wollen, und baten die Herzöge um ihren Schutz. Das Bekenntnis, das Kanzler von Lucka an diesem Tag an der Sagsdorfer Brücke vortrug, wurde zur theologischen Grundlage für die weitere Entwicklung der Reformation im Land.

Als die evangelischen Fürsten Deutschlands im Frühjahr 1552 den Aufstand gegen den Kaiser wagten, waren es Johann Albrecht und sein Bruder Georg, die Moritz von Sachsen dazu drängten, die Jagd auf den Kaiser neu aufzunehmen. Der Überfall auf Karl V. bei Innsbruck brachte die entscheidende Wende in diesem Krieg, und der Sieg über den Kaiser führte zum Passauer Vertrag, der den Evangelischen endlich stabile Verhältnisse sicherte. Am Tag vor den Verhandlungen zum Passauer Vertrag, nämlich am 22. Mai 1552, begann Johann Albrecht mit der rigorosen Einführung der Reformation im ganzen Herzogtum. Er vollendete das Werk seines Onkels Heinrich, der am 6. Februar desselben Jahres gestorben war.

vom desolaten Zustand der Kirche in Mecklenburg in dieser Zeit ab: Manche Priester konnten gerade das Vaterunser sprechen, wären bessere Schafhirten als Menschenhirten; der Aberglaube blühte im ganzen Land, und wo evangelische Prediger eingesetzt worden waren (und die Einkunftsquelle des Messelesens wegfiel!), wurden die Pfründe häufig von den Patronen einbehalten; sie mussten auch dauernd gegen Vorwürfe und Verleumdungen ankämpfen. Die Visitatoren gaben besonders Acht auf erste Anzeichen von schwärmerischer, täuferischer oder zwinglianischer Lehre. Hierin erkannten sie die schwelende Gefahr eines tatsächlichen Aufruhrs im Land. Allerdings zeigten sich die Visitatoren in dieser Hinsicht eifriger und leidenschaftlicher als der Empfänger ihres Berichts. Heinrich V. hielt sich in religiösen Sachen eher zurück, ließ auch das gewähren, wovor andere dringend warnten – etwa das Wirken des Heinrich Nevers in Wismar, der jahrelang die Ansichten Zwinglis in der Abendmahlsfrage unbehelligt vertrat, sogar die Kindstaufe ablehnte und gleichzeitig große Beliebtheit in der Stadt genoss.

Die Kirchenordnung

Eine weitreichende Visitation der Gemeinden wurde in den nächsten zwei Jahren durchgeführt. Dabei galt als Richtlinie die Kirchenordnung des Parchimer Superintendenten Johann Riebling aus dem Jahre 1552. Sie gab Auskunft über die Lehre der Kirche, regelte die Gottesdienstform und ordnete an, Pfarrstellen, Schulen und Armenkassen dauerhaft einzurichten. Nun wurden die vielen ritterlichen und klösterlichen Pfarrgemeinden, die bisher katholisch geblieben waren, auch evangelisch. Die Klöster wurden aufgelöst oder in evangelische Damenstifte umgewandelt. Viele lösten sich freiwillig auf. Bei anderen wie Marienehe bei Rostock und Dobbertin musste Johann Albrecht Gewalt anwenden. Die letzten Bollwerke des Katholizismus in Mecklenburg waren freilich jene Ämter, die seine Mutter, Anna von Brandenburg, als Leibgedinge verwaltete. Das waren die Ämter Lübz und Crivitz. Hier sammelte sie vertriebene Priester, Mönche und Nonnen um sich und agitierte weiter gegen die Reformation. Als die Herzogin Anfang 1559 ihren Sohn Christoph in Livland besuchte, führte Johann Albrecht ab dem 24. Februar 1559 die Reformation auch in Lübz und Crivitz durch. Als sie im Mai 1560 nach Hause kam, waren auch ihre Ämter mit der Unterstützung der Räte und Bürger der beiden Städte evangelisch. Sie starb 1567 verbittert und resigniert in der Lübzer Eldenburg. Ihr ältester Sohn, Johann Albrecht, sollte sie nur um neun Jahre überleben. Doch zum Zeitpunkt seines Todes war die Reformation in Mecklenburg abgeschlossen: Nach den »Sternberger Reversalen« von 1572 wird den Ständen Mecklenburgs die Confessio Augustana als das Bekenntnis des Landes zugesichert, und sie werden wiederum zum Schutz dieses Bekenntnisses aufgefordert – das Ende eines langen und verschlungenen Weges. ●

▶ **DR. MITCHELL GRELL**
ist Pastor und Reformationsbeauftragter für den Sprengel Mecklenburg und Pommern.

Gespannte Aufmerksamkeit für Luthers Theologie

Die Reformation im Herzogtum Pommern

—

VON JOHANNES SCHILLING

Das Land und die Kirche

Pommern war zu Beginn des 16. Jahrhunderts ein Territorium, in dem nach einer wechselvollen Geschichte von Landesteilungen seit 1479 eine lang andauernde Herrschaft stabile Verhältnisse gewährte. Seit diesem Jahr herrschte Herzog Bogislaw X. (reg. 1474/78–1523), der bedeutendste Herrscher des Geschlechts der Greifen. Als Landesherr betrieb er die Stärkung der Landesherrschaft in allen Bereichen und versuchte mit Erfolg, auch die landesfürstliche Oberhoheit über die Kirche und Schirmherrschaften über die Klöster zu gewinnen und damit ein landesherrliches Kirchenregiment vor der Reformation zu etablieren. In diesem Sinne sicherte er sich nach einer Reise in das Heilige Land 1498 in Rom das Recht auf Besetzung von Prälaturen in seinem Land. Nach seinem Tod wurde das Land nach einer achtjährigen gemeinsamen Herrschaft seiner Söhne Georg I. (reg. 1523–1531) und Barnim IX. (reg. 1523–1569) 1532 erneut geteilt, in das Herzogtum Pommern–Wolgast, das Vorpommern, und das Herzogtum Pommern-Stettin, das Mittel- und Hinterpommern umfasste. Erst 1625 wurde das ganze Land unter Bogislaw XIV. (reg. 1620–1637) wieder vereint. Sein Tod im Jahr 1637 bedeutete zugleich das Ende des Greifengeschlechts und des selbständigen Herzogtums Pommern.

Das seit dem 12. Jahrhundert mit einigem Erfolg allmählich christianisierte Land gehörte überwiegend zu dem – exemten – Bistum Cammin; im Westen reichte das Bistum Schwerin bis vor die Grenzen von Greifswald, im Osten gehörten Lauenburg und Umgebung zur Diözese Leslau. Das Verhältnis des Hochstifts Cammin zum Herzogtum Pommern war immer schwierig: Seit 1422 ein eigener Reichsstand, unterstand Cammin seit 1436 der Schirmherrschaft Pommerns. Die Besetzung des Bischofsstuhls gestaltete sich wieder und wieder kompliziert, da Einigkeit zwischen den Herzögen und den kirchlichen Obrigkeiten nicht erzielt werden konnte. 1522 war es Bogislaw X., der Erasmus von Manteuffel als Bischof von Cammin durchsetzen konnte.

Ein gut ausgebautes Netz von Kirchgemeinden, das über die Reformation hinaus erhalten blieb, sollte eine umfassende kirchliche Versorgung gewährleisten; unter den Orden waren es insbesondere Zisterzienser und Prämonstratenser, die das Land erschlossen. Das Kloster Belbuck (gegründet um 1176) bei Treptow an der Rega entwickelte sich vor allem um 1500 zu einem herausragenden Zentrum von Spiritualität und Kultur.

In den Städten siedelten sich Dominikaner, Franziskaner und andere Ordensgemeinschaften an; das Dominikanerkloster in Stralsund überragte in seiner Bedeutung für Stadt, Land und Leute viele andere monastische Einrichtungen. Eine auch überregional bekannte Wallfahrt gab es zu der Heiligen Maria Pomerana in Kenz, dessen »Wunderbrunnen« auch heute noch fließt; Hospitäler trugen zur Versorgung der Armen und Kranken bei. Die Kirchlichkeit um 1500 entsprach auch in Pommern derjenigen weiter Teile des Heiligen Römischen Reiches, und auch die Klagen gegen Kirche und Klerus unterschieden sich wenig von denen in anderen Regionen: Zölibat, Residenzpflicht und Erneuerung des Gottesdienstes waren Hauptthemen von Beschwerden und Synoden. 1505 erschien ein neues Brevier (Gebetbuch), im folgenden Jahr ein neues Missale (Messbuch) für die Diözese Cammin.

Die Wittenberger Ideen kommen nach Pommern

Die Ideen aus Wittenberg verbreiteten sich seit 1518 mit ungeahnter Schnelligkeit und einer unerwarteten Kraft der Durchdringung; in den frühen 1520er Jahren erreichten sie auch Pommern. In den Städten und im humanistisch geprägten Konvent in Belbuck fanden Luthers Schriften sogleich gespannte Aufmerksamkeit. Hier war es insbesondere der Lektor des Klosters, Johannes Bugenhagen, der nach eigenem Zeugnis durch die Lektüre von Luthers Schrift »De captivitate Babylonica ecclesiae« (Von der babylonischen Gefangenschaft der

Die Barther Bibel

War die Reformation die Wiederentdeckung des Evangeliums gewesen, so zeigte sich diese ein halbes Jahrhundert nach ihrer offiziellen Einführung in Pommern am schönsten und eindrücklichsten in einer Ausgabe der Heiligen Schrift. Das prachtvolle Werk einer vollständigen Bibel Alten und Neuen Testaments wurde 1588 in der Fürstlichen Druckerei in Barth hergestellt, mit ungefähr 100 Holzschnitten, das in dem Buch der Bücher die einsame Spitze der Produktion dieser Offizin darstellt. »In Adam omnes morimur – In Christo vivificamur« – In Adam sterben wir alle In Christus werden wir lebendig gemacht – das war und ist die Botschaft des Titelblatts der »Barther Bibel« und der Reformation, nicht nur in Pommern.

Kirche) im Herbst 1520 Feuer fing und auch seine Konventualen von der Sache der Reformation zu begeistern wusste. 1521 wurden etliche Mitglieder des Belbucker Konvents erste und frühe Prediger der Reformation, in Belzig und Hamburg, in Riga und in Stralsund. Christian Ketelhut wurde zum Reformator Stolps und Stralsunds, Andreas Knöpke predigte in Riga. Auch Johannes Knipstro (1497–1558) predigte seit 1521 im Geist Wittenbergs, in Pyritz, Stargard, Stralsund und Greifswald. 1535 wurde er der erste evangelische Generalsuperintendent Vorpommerns.

Damit war eine Generation von Predigern am Werk, die sich durch ihre monastische Herkunft und/oder durch hohe Bildung auszeichneten und als Trägergruppe der frühen Reformation der weiteren Entwicklung ihr Gepräge gaben.

Die Reformation in den Städten

Die Reformation war innerhalb des Reiches vor allem ein städtisches Ereignis. Überall dort, wo die neue Lehre auf ein urbanes Gemeinwesen traf, konnte sie alsbald Erfolge verzeichnen. Nicht nur Handel und Wandel, sondern auch der kulturelle Kontext der Städte machte die reformatorische Botschaft dort so erfolgreich. Wo man auf Neuigkeiten eingestellt war und wo man las, konnten die neuen Ideen schneller Raum gewinnen als in ländlichen, illiteraten Gegenden.

Um 1500 gab es in Pommern 38 Städte. Unter allen war Stralsund die bedeutendste. Mit ihren ca. 15.000 Einwohnern zählte sie, etwa neben Lübeck (25.000 Einwohner), Erfurt, Köln und Augsburg, unter die zehn größten Städte des Reiches; deutlich kleiner waren Greifswald und Stettin mit ca. 6.000–7.000 Einwohnern. Die Mehrzahl der Städte aber hatte weniger als 2.000, manche Zwergstädte gar nur zwischen 100 und 200 Einwohner.

Stralsund wurde zum frühen Hauptort der Reformation. In der bedeutenden Handelsstadt gab es seit 1522 evangelische

Prediger, unter denen sich Christian Ketelhut, der in der Hauptkirche St. Nikolai predigte, durch seine Besonnenheit auszeichnete. 1524 verbanden sich evangelische Predigt und Aufstand gegen die Obrigkeit in der Erstürmung des Rathauses, und in der Karwoche 1525 tobte der »Stralsunder Kirchensturm«: Nach friedlichem Beginn mit einer Speisung der Armen kam es in der Nikolaikirche zu Ausschreitungen und Zerstörungen von Altären und Bildern, und eine offenbar enthemmte Volksmenge richtete anschließend auch in den Klöstern Verwüstungen an. In den folgenden Verhandlungen zwischen Rat und Bürgern ergab sich eine Mehrheit für die evangelische Lehre. Rat und Bürgerausschuss erklärten die evangelische Lehre fortan für die in der Stadt gültige, die ein halbes Jahr später, im November 1525, in einer Kirchenordnung Gestalt fand. Der Verfasser, Johannes Aepinus (Hoeck, 1499–1553), auch er ein ehemaliger Belbucker Chorherr und Leiter der Schule des Johannisklosters, hatte 1518–1520 in Wittenberg studiert. 1529 ging er nach Hamburg, wo er als Pfarrer an St. Petri und Superintendent 1553 starb.

Diese erste Stralsunder Kirchenordnung handelt in drei Kapiteln von den Predigern, vom Gemeinen Kasten und von der Zucht: Für Knaben und Mädchen wird je eine Schule begründet. Der Gemeine Kasten umfasst das gesamte Vermögen der Kirchen und Klöster und bestreitet alle Ausgaben für kirchliche Zwecke. Ein Versuch des Schweriner Archidiakons Hippolyt von Steinwer, gegen die Ordnung zu klagen, war beim Reichskammergericht 1530 zwar erfolgreich, doch ließ sich die Entwicklung des kirchlichen Lebens in der Stadt nicht mehr rückgängig machen.

Auch in anderen Städten, in Pyritz, Stettin und Stolp, wurde seit 1521 »evangelisch« gepredigt. Die Verkündigung der neuen Lehre ging dabei mitunter nicht ohne Auseinandersetzungen ab; gelegentlich kam es auch zu gewalttätigen Auseinandersetzungen, so gegen Kirchen- und Klostergebäude, aber auch gegen Geistliche und Mönche. Vor allem die hohe Geistlichkeit wandte sich gegen die neue Lehre. 1531 hielt Johann

Kirchenordnung für Pommern aus dem Jahr 1535, »Kercken Ordeninge des gantzen Pamerlandes«

Knipstro in Greifswald die erste evangelische Predigt. Und auch im Camminer Stiftsgebeit, vor allem in Kolberg und Köslin, gab es in diesem Jahr die ersten Predigten, die der lutherischen Lehre entsprachen. Für den Landesherrn stellte sich vor allem die Frage, ob die evangelischen Predigten geeignet waren, die öffentliche Ordnung zu stören und etwa Aufruhr zu verursachen. Von Anfang an ging Bogislaw X. gegen Unruhen in den Städten vor; sofern die Predigten keinen Aufruhr hervorriefen, tolerierten sowohl Bogislaw selbst als auch seine Söhne Barnim IX. (1501–1573, reg. 1523/1532–1569) und Georg I. (reg. 1523–1531) – dieser nur unwillig – die neue Lehre. Seit 1531 aber war klar: Das »Evangelium darf gepredigt werden, wenn dadurch kein Aufruhr entsteht«. Diese Regelung bedeutete einen Gewinn für die reformatorische Sache.

Im Spannungsfeld zwischen Landesherrschaft, Ständen und Städten erfuhren die reformatorischen Kräfte nach Georgs Tod Auftrieb. 1533 schlossen sich mehrere Städte der Politik des Aufständischen Jürgen Wullenwever in Lübeck an. Sie richtete sich gegen Dänemark und damit auch gegen den auf der Seite des dänischen Königs stehenden pommerschen Landesherrn. Religiöse und politische Fragen hatten einen Stand erreicht, der es den Herzögen nahelegte, Klarheit in der Frage der Religion herzustellen.

Der Landtag in Treptow an der Rega

Wie zuvor in anderen Städten und Territorien geschehen, wurde auf »Lucia«, den 13. Dezember 1534, ein Landtag nach Treptow an der Rega einberufen, auf dem die Religionsfrage geklärt werden sollte. Treptow hatte seit 1328 eine Schule, die sich zu einem kulturellen Zentrum entwickelt hatte und an der 1504 Johannes Bugenhagen Lektor geworden war. Ziel des Landtags war es, »wegen der zur Zeit herrschenden Unstimmigkeiten in der Erkenntnis des göttlichen Wortes« zu beraten, auf welche Weise man den »Abfall in christlichem Wesen zu ändern und zu reformieren vermöge«. Vorverhandlungen fanden bereits am 6. Dezember statt. Sie führten unter Mitwirkung Bugen-

hagens zu einem Gutachten der Theologen, das als »Avescheit to Treptow jegen den Landtach« diesem vorgelegt wurde. In vierzehn Artikeln ging es darum, Missstände im Kultus zu beseitigen, das Mönchswesen abzuschaffen, Feld- und Jungfrauenklöster für die Erziehung junger Adliger umzuwidmen und in den Städten Bürgerschulen einzurichten. Die prominentesten Teilnehmer des Landtags waren der gelehrte, die Reformation ablehnende Camminer Bischof Erasmus von Manteuffel (geb. um 1475, reg. 1521–1544) und Bugenhagen. Die Herzöge erklärten alsbald, sie wollten die Reformation in ihrem Territorium einführen. Einspruch und Widerstand kam vom Camminer Bischof, den Stiftsständen, dem Adel und den Städten. Beschlossen wurden Visitationen und die Ausarbeitung einer Kirchenordnung, für die Bugenhagen das vor der Einberufung des Landtags erarbeitete theologische Gutachten nun zur Grundlage machte. Diese Ordnung wurde schon im Frühjahr 1535 in Wittenberg im Druck veröffentlicht, mit der – angesichts der Streitigkeiten bei und nach ihrer Verabschiedung – bemerkenswerten Bemerkung in der Vorrede, sie sei »van der gantzen landschop angenamen«.

Die »Kercken Ordeninge des gantzen Pamerlandes« besteht aus drei Teilen. Der erste handelt vom Predigtamt, von Gottesdienst, Sakramenten und Amtshandlungen, Visitationen und dem Personal: Predigern, Küstern und Organisten sowie von Schule und Universität. Ein zweiter Teil gilt dem »Gemeinen Kasten« und seiner Bestimmung, also der Finanzverwaltung und dem dafür erforderlichen Personal, ein letzter, dritter den »Zeremonien«. Er enthält Gottesdienstordnungen für Andachten und Abendmahlsgottesdienste, die weiterhin als »Messe« bezeichnet werden. Alle Gottesdienste sollen fortan der evangelischen Lehre entsprechen; altgläubige Frömmigkeitspraxis soll keinen Ort mehr in der Kirche haben. Als Lehrnorm diente die Augsburgische Konfession samt der Apologie sowie Luthers Katechismus. 1539 wurde die Universität Greifswald wieder eröffnet, und 1543 trat ihr mit dem Pädagogium in Stettin eine Schule an die Seite, die der Ausbildung der künftigen Leistungsträger im Herzogtum diente.

Die Einheitlichkeit der Gottesdienstordnung im ganzen Pommern wurde 1542
unter dem Titel »Karcken Ordening /
Wo sick die Parner vnd Selensorger inn
vorreikinge der Sacrament vnd ouinge
der Cerimonien holden scholen im Land
to Pammern« in Wittenberg gedruckt

Mit dem Beschluss des Landtags war, wie die Vorrede der Kirchenordnung erinnert, die Reformation in Pommern offiziell »eingeführt«. Doch gab es Einsprüche, einerseits des Camminer Bischofs, andererseits des Adels, der sich insbesondere gegen die Auflösung der Frauenklöster wehrte, da man die Unterbringung und Versorgung der unverheirateten Töchter gefährdet sah.

Schon seit Längerem hatte Bogislaw eine kluge Heiratspolitik betrieben, die seine Familie mit Mecklenburg, Schleswig-Holstein und Sachsen verbunden hatte. Nunmehr wurde durch die Eheschließung Herzog Philipps I. von Pommern (1515–1560) mit der sächsischen Prinzessin Maria, einer Tochter Kurfürst Johanns des Beständigen, 1536 zunächst die dynastische Verbindung mit dem Haupt des Schmalkaldischen Bundes hergestellt, bevor Pommern – bald nach der Hochzeit der beiden – dem politischen Bündnis beitrat.

Wie die evangelische Kirche Gestalt gewann

Für den Auf- und Ausbau des neuen Kirchenwesens kam es, wie in anderen Territorien auch, entscheidend auf die leitenden Geistlichen an. Johannes Knipstro, der ehemalige Franziskaner, wurde 1535 der erste Generalsuperintendent Vorpommerns in Greifswald. Ihm folgte Jakob Runge (1527–1595), ein Schüler Philipp Melanchthons, unter dessen Leitung die als solche junge Kirche ihre entscheidende Prägung erfuhr.

Schon 1539 hatte die – 1456 gegründete, um 1500 in kurzer Blüte stehende – Universität Greifswald nach einer inaktiven Phase ihren Betrieb wieder aufgenommen. Seit 1558 setzte sich die Theologische Fakultät aus Greifswalder Pfarrern zusammen, deren Primarius Runge wurde. Die 1534 beschlossenen Visitationen wurden bis 1539 fortgesetzt. 1541 tagte eine Generalsynode für Pommern-Wolgast in Greifswald, aus deren Beschlüssen eine Agende hervorging, die für die Einheitlichkeit der Gottesdienstordnung in dem gesamten Territorium sorgen sollte. Sie erschien 1542, wohl bei Georg Rhau in Wittenberg, unter dem Titel »Karcken Ordening / Wo sick die Par-

ner vnnd Selensorger inn vorreikinge der Sacrament vnd ouinge der Cerimonien holden scholen im Land to Pammern« und enthält in neunzehn Kapiteln alle erforderlichen Anweisungen für den Gottesdienst.

Die Entstehung von Konsistorien in Greifswald, Stettin und Kolberg bildete das institutionelle Rückgrat der Kirche, das Corpus doctrinae Pomeranicum von 1565 die lehrmäßige Grundlage. Es orientierte sich an dem sächsischen Vorbild und enthielt die drei altkirchlichen Glaubensbekenntnisse, das Augsburgische Bekenntnis in seiner deutschen Fassung, die Apologie von 1540, die Wiederholung der Augustana von 1551, die beiden Katechismen Luthers, die Schmalkaldischen Artikel und Melanchthons Loci communes von 1553. Von größter Bedeutung für das Kirchenwesen war schließlich, dass seit dem Augsburger Religionsfrieden von 1555 die lutherische Religion in Pommern rechtlich unangefochten ihre Entwicklung nehmen konnte.

Trotz dieser im Vergleich zu anderen Territorien üblichen Entwicklung waren Spannungen und Konflikte nicht erledigt. Die nach dem Tod Luthers und Melanchthons aufgekommenen theologischen Auseinandersetzungen um die Fragen der Rechtfertigung des Verhältnisses von Glauben und Werken sollten in einer lutherischen Einigungsformel »verglichen« werden. Die aus langen Verhandlungen hervorgegangene Konkordienformel (Formula Concordiae) von 1577 wurde indes von Pommern nicht unterzeichnet. Damit unterschied sich das Land von seinen norddeutschen Nachbarn Hamburg und Lübeck. Auch die Herzogtümer Schleswig und Holstein hatten unter dem dortigen Generalsuperintendenten Paul von Eitzen (1521–1598) – auch er ein Melanchthonschüler – die Unterzeichnung der Konkordienformel abgelehnt. ●

▶ DR. DR. JOHANNES SCHILLING
ist Professor für Kirchengeschichte an der Christian-Albrechts-Universität zu Kiel und Mitinitiator der Journalreihe »Orte der Reformation«.

»Der tollwütigen Nonnen Krieg«

Die zähe Reformation des Benediktinerinnenklosters Dobbertin
—

VON JOHANN PETER WURM

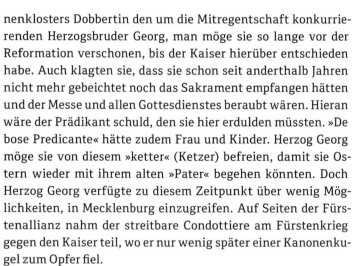

Dobbertin

In Dobbertin wussten sich die Nonnen lange erfolgreich gegen die Reformation zur Wehr zu setzen. Dabei ging es mitunter brachial zu. In seltener Ausführlichkeit und Lebendigkeit berichten die zeitgenössischen Quellen von den immer wieder vergeblichen Reformationsbemühungen der Obrigkeit.

Die Reformation der Frauenklöster

Wie in den meisten evangelischen Fürstentümern und Städten wurde auch in Mecklenburg die Reformation in den Frauenklöstern zuletzt durchgeführt. Für diesen Aufschub gab es vor allem drei Gründe: Erstens war die Außenwirkung der abgeschlossenen Frauenklöster im Vergleich zu der der Männerklöster gering. Ihr Weiterbestehen war für die Reformation im Lande vergleichsweise schadlos. Zum anderen wurde durch die Reformation die künftige Versorgung der Insassinnen problematisch. Drittens waren Frauenkonvente für die reformatorischen Lehren wenig empfänglich und wehrten sich unter der Führung starker Äbtissinnen oder Priorinnen oft entschiedener und erfolgreicher als die Männerklöster gegen die obrigkeitlichen Reformationsversuche.

Tatsächlich sollte sich auch in Mecklenburg die Durchführung der Reformation in den Frauenklöstern als äußerst schwierig erweisen. Auf den hartnäckigsten Widerstand stießen die Herzöge und ihre Visitatoren im Benediktinerinnenkloster Dobbertin.

Als Herzog Johann Albrecht I. am 6. Februar 1552 in Mecklenburg für kurze Zeit allein die Macht übernahm, wollte er die von seinem Vater Albrecht VII. verhinderte und von dessen Bruder Heinrich V. lange nur halbherzig betriebene Reformation vorantreiben und abschließen. Dadurch aufgeschreckt baten am 4. April 1552 die Nonnen des adligen Benediktinerinnenklosters Dobbertin den um die Mitregentschaft konkurrierenden Herzogsbruder Georg, man möge sie so lange vor der Reformation verschonen, bis der Kaiser hierüber entschieden habe. Auch klagten sie, dass sie schon seit anderthalb Jahren nicht mehr gebeichtet noch das Sakrament empfangen hätten und der Messe und allen Gottesdienstes beraubt wären. Hieran wäre der Prädikant schuld, den sie hier erdulden müssten. »De bose Predicante« hätte zudem Frau und Kinder. Herzog Georg möge sie von diesem »ketter« (Ketzer) befreien, damit sie Ostern wieder mit ihrem alten »Pater« begehen könnten. Doch Herzog Georg verfügte zu diesem Zeitpunkt über wenig Möglichkeiten, in Mecklenburg einzugreifen. Auf Seiten der Fürstenallianz nahm der streitbare Condottiere am Fürstenkrieg gegen den Kaiser teil, wo er nur wenig später einer Kanonenkugel zum Opfer fiel.

Die Sorge der Dobbertiner Benediktinerinnen war nicht unberechtigt. Im Juli 1552 traf die obrigkeitliche Aufhebung mit Rehna (Zisterzienserinnen seit ca. 1504–18) den ersten Frauenkonvent. Bis 1555 folgten die Zisterzienserinnenklöster Zarrentin, Neukloster, Wanzka und Ivenack.

1557 sollte Dobbertin folgen. Doch die Visitation und Reformation des Benediktinerinnenklosters im März 1557 begann ernüchternd. Nur zwei der 30 adligen Jungfrauen waren bereit, die evangelische Lehre in vollem Umfange anzunehmen. Die Visitatoren beließen es noch bei halbherzigen Maßnahmen. Für die vollständige Abschaffung der »Abgotterey« im Chor

Blick zum Kloster Dobbertin

und in den Nonnenzellen fühlten sie sich »zu schwach«. So wundert es nicht, dass die Nonnen, unbeeindruckt durch das kurze Gastspiel der Theologen und fürstlichen Sekretäre, beim alten Ritus verharrten und den Herzögen schon bald wieder Klagen über »der Nonnen zu Dobbertin ungehorsam unnd gottloßheit« zu Ohren kamen.

Steinwürfe und Wassergüsse

Schon nach einem halben Jahr wurde die Visitationskommission daher erneut nach Dobbertin beordert. Die Position der Nonnen hatte sich währenddessen deutlich verhärtet. Auch fand sich die Kommission, als sie am Morgen des 3. September wieder vor dem Kloster erschien, zu ihrer Überraschung vor verschlossenen Türen wieder und sah sich genötigt, die Verhandlungen mit den Konventualinnen durch das Gitterfenster des Sprechhauses zu führen. Nach der Erfahrung, im März von der Visitation überrumpelt worden zu sein, weigerten sich die Frauen, dem unangemeldeten Besuch die Pforten zu öffnen.

Die Tür blieb jedoch auch für austrittswillige Nonnen geschlossen. Am 6. September erhob sich hinter dem Gitter ein Tumult unter den Frauen. Die evangelisch gesinnte Margareta Wangelin klagte, dass man sie seit acht Jahren vom Sakrament fernhalte. Empört riefen die anderen: »Y Jesus, Margrete, wat seggen gy? Wie hefft jw wat tho leide gedan?« (Ei Jesus, Margarete, was sagt Ihr? Wir haben Euch etwas zu Leide getan?), wo-

rauf diese ihnen vorwarf, ihr im Kapitelhaus ihres Glaubens wegen mehrfach den Rücken dermaßen zugerichtet zu haben, »das ichs keinen leuten kann clagen«. Den Hauptmann flehte sie an, er möge an ihren Bruder schreiben, damit er sie aus dem Kloster und der damit verbundenen Gefahr für Leib und Seele befreie.

Die Verhandlungen mussten weiter durch das Sprechfenster geführt werden und zogen sich hin. Endlich am 17. September schritten die Visitatoren, ausgestattet mit neuen Instruktionen, zur Exekution. Priorin und Unterpriorin wurde eröffnet, dass man nun den oberen Chor, der die Nonnen beim Gottesdienst von der Gemeinde trennte, zu vermauern und eine Tür aus dem Kreuzgang in die Kirche zu brechen gedenke. Außerdem wurde den Konventualinnen eine Frist gesetzt. Diejenigen, die sich nicht binnen sechs Wochen zum evangelischen Glauben bekannten, sollten zu ihren Familien heimgeschickt werden.

Als die Visitatoren den Maurern und Bauern befahlen, die Mauersteine hereinzutragen, warfen sich die Jungfrauen »mit grossem hewlen und geschrey« und unter Absingen lateinischer Verse (»geplerr«, wie der Sekretär notierte) vor die Chortreppe. Als die Bauern dennoch weiter vordrangen, wurden sie mit Steinwürfen und Wassergüssen empfangen. Als die Maurer endlich bis zur Tür des Nonnenchors vorstießen, blieben etliche Jungfrauen in der Tür stehen und riefen, man sollte sie allda einmauern, »da wolten sie todthungern«. Schließlich

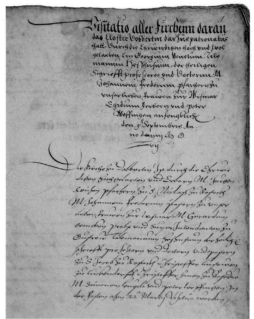

◀ Das ehemalige, inzwischen zugemauerte Portal des Nonnenchores im Kloster Dobbertin

▼ Aus dem Visitationsprotokoll von 1557

konnten auch diese vertrieben werden und die Tür unter Flüchen und »vielen anderen ehrrurigen worten« der beistehenden Nonnen zugemauert werden.

Während die Maurer nun den Nebeneingang durch die Sakristei in Angriff nahmen, fielen die Nonnen wie »rasendt, unsinnig, tholl und thoricht« wieder in den Chor ein. Gewaltsam verschafften sie sich die ihnen abgenommenen Bet- und Gesangbücher. Die fürstlichen Diener stießen und schlugen sie, bis diese die Flucht ergriffen. Solange sie ihren Chor und ihre Riten nicht behalten könnten, wollten sie die neue Lehre ihr Lebtag weder hören noch annehmen.

Als die Visitationskommission am 30. September zum letzten Mal an die Klosterpforte trat, fand sie sich erneut vor verschlossenen Türen wieder. Durch das Sprechgitter wurde ihnen von den Konventualinnen beschieden, sie sollten machen, dass sie »strachs« fortkämen – was diese in Feststellung des vollkommenen Scheiterns ihres Reformationsversuchs auch tatsächlich taten. Verärgert empfahlen sie den Herzögen im Visitationsabschied, »hinfuro zu andern mitteln« zu greifen und den Jungfrauen andere Visitatoren und einen Haufen Reitknechte zu schicken, die nicht so sanftmütig mit ihnen umgingen und die »gottlosen« mit Gewalt aus dem Kloster jagten.

Der »Nonnenkrieg«

Der neuerliche Reformationsversuch sollte daher mit größerem Nachdruck erfolgen. Die Herzöge begaben sich dieses Mal sogar selbst nach Dobbertin. Am 26. September 1562 kamen sie in Begleitung ihres Hofgefolges und der Visitatoren an. Am 27. September wurde die neue Klosterordnung entworfen. Am 28. September ließen die Fürsten den Jungfrauen die neuen Statuten verlesen und schriftlich übergeben. Die adligen Damen reagierten mit Protest und »langem widerbellen«. Als die Landesherren jedoch mit ihrer Vertreibung aus dem Kloster drohten, warfen sie sich wie »unsinnige Dulle« mit gefalteten Händen vor ihnen auf die Knie und klagten, sie könnten in dem nicht gehorsam sein. Klosterhauptmann Joachim zu Kleinow drohten sie an, sich notfalls mit Steinen und Knüppeln zur Wehr zu setzen.

Der 29. September war der Tag der eigentlichen Visitation mit der einzelnen Abhörung der 26 Nonnen. Die Einzelverhöre ermöglichten am Morgen des Folgetages die Trennung der Nonnen in gehorsame, d. h. solche, die die neue, evangelische Ordnung annahmen und im Kloster bleiben durften, und ungehorsame, die aus dem Kloster ausgewiesen werden sollten. Elf wurden als »gehorsam« eingestuft, 14 galten als »ungehorsam«, eine Frau blieb krankheitsbedingt unberücksichtigt.

Als nun das Hofgesinde zur Tat schritt und die »Ungehorsamen« aus dem Kloster holen und auf die im Hof bereit stehenden zehn Wagen verladen wollte, kam es zu einem »selsam Spectakel« (so Klosterhauptmann zu Kleinow). Die Diener ergriffen die Rädelsführerin Ingeborg Hagenow und schleppten sie zur Tür. Auf der anderen Seite krallten sich vier bis fünf Mitschwestern in ihr Gewand, bis es ihr auf dem Leib zerriss. Endlich gelang es, die meisten der Widerspenstigen auf den Hof zu zerren und zu stoßen. Die Priorinnen Elisabeth Hobe und Catharina Prestin folgten freiwillig. Auf dem Hof griffen

Heute eine touristische Attraktion

Mit seinen historischen Gebäuden und seinen wunderschönen Außenanlagen ist Kloster Dobbertin heute ein beliebtes Ziel für Ausflügler und Kunstfreunde. Bis zu 30.000 Besucher kommen jährlich zum Kloster Dobbertin. Herzlich eingeladen sind sie auch zum Besuch des Kloster-Cafés im Brauhaus. Das Café wird von behinderten und nichtbehinderten Mitarbeitern gemeinschaftlich bewirtschaftet.

▶ **Brauhaus** | Telefon: 03 87 36 · 861 98
  1. Mai bis 31. Oktober: Di–Fr 11.00–17.30 Uhr,
  Sa, So, Feiertag: 11.00–18.00 Uhr,

  1. November bis 30. April: Di–Fr 11.00–16.30 Uhr,
  Sa, So, Feiertag: 11.00–17.00 Uhr,

  Montags geschlossen

▶ **Kerzenzieherei** | Mo–Fr 7.00–11.30 Uhr und 12.30–15.00 Uhr

▶ **Second Hand Laden**:
  Mo+Mi 12.00–15.00 Uhr, Do 9.00–11.00 Uhr
  Di 9.00–11.00 Uhr und 17.00–19.00 Uhr

die Nonnen Steine und Stöcke, mit denen sie nach den herzoglichen Knechten warfen und um sich schlugen. Insbesondere Ingeborg Hagenow raste wie eine Besessene. Sie trat vor die Fürsten, Räte und Theologen und verfluchte sie, worauf einer antwortete: »Dath wiegen dy, du herlose Hemmelhore!« (Das wegen dir, du herrenlose Himmelshure!). Nun zogen die widerspenstigen Jungfrauen unter Absingen lateinischer Kirchengesänge zu Fuß vom Hof und durch das Dorf nach dem adligen Gut Suckwitz, das einem Verwandten der Dorothea Grabow gehörte. Die Wagen folgten, von den Nonnen ungenutzt. Von Suckwitz aus kehrten die Frauen jedoch keineswegs zu ihren Familien zurück. Vielmehr reisten sie gemeinsam weiter nach Lübz, wo sie Aufnahme bei der altgläubigen Herzoginmutter Anna fanden.

»Des Satans Nest zerstört«?

»Der tollwütigen Nonnen Krieg war nur ein kurzes Auflodern. Ihr höllischer Gott hätte gerne etwas mehr angerichtet, wenn ihm nicht der Herr gewehret. So ist nun im Lande zu Mecklenburg (dem Herrn sei ewig Lob) des Satans Nest zerstört«, endet Klosterhauptmann Joachim zu Kleinow am 20. Oktober 1562 seinen Bericht von der Klostervisitation. Nicht nur den Visitatoren, auch den Herzögen galt das Kloster nun als der Reformation zugeführt. Die optimistische Einschätzung sollte sich jedoch schon bald als voreilig erweisen. Denn schon 1564 musste Herzog Ulrich seinem Bruder Johann Albrecht mitteilen, dass etliche der ausgewiesenen »verstockten Jungfern«

unter dem Anschein ihrer vermeintlichen Bekehrung in das Kloster zurückgekehrt waren und dort die Frommen und Gottesfürchtigen wieder vom rechten Wege abbrachten.

Eine 1565 vorgesehene Klostervisitation scheiterte schon im Vorfeld, und auch die Visitationen von 1569 und 1570 vermochten nichts zu erreichen.

Die Reformation hat sich in Dobbertin, ähnlich wie in den Klöstern Ribnitz und Hl. Kreuz zu Rostock, letztlich erst allmählich mit dem Aussterben der älteren Generation der Konventualinnen durchgesetzt. Den wiederholten Visitationen und Klosterordnungen war kaum dauerhafter Erfolg beschieden. Spätestens 1570 hatten die Landesherren und Landstände das Interesse an der Reformation des Klosters verloren und setzten mehr oder weniger bewusst auf Zeit. Letztlich konnte sich ein Kloster, das vom Adel eines evangelischen Territoriums beschickt wurde, der Durchführung von Reformation und evangelischer Kirchenordnung unmöglich dauerhaft widersetzen. Immerhin aber war es den wehrhaften Dobbertiner Klosterjungfrauen für den Zeitraum fast einer Generation gelungen, sich der obrigkeitlichen Reformation zu widersetzen. ●

▶ **DR. JOHANN PETER WURM**
ist Kirchenarchivoberrat im Landeskirchlichen Archiv, Schwerin.

Der »Religionskrieg« im Bistum Ratzeburg

VON WALTER WIENANDT UND JOHANN PETER WURM

Zu einer Entwicklung der besonderen Art führte die Reformation im Nordwesten Mecklenburgs. Die Entwicklung nahm ihren Ausgang in dem malerischen, zwischen Lübeck und Wismar gelegenen Klützer Winkel. Hier baten am 11. März 1526 Bernd und Reymer von Plessen auf Tressow und die ganze Gemeinde des Kirchspiels Gressow Herzog Heinrich V. um die Einsetzung eines lutherischen Predigers, den man in dem Priester Thomas Aderpul bereits gefunden hatte. Das Pfarrbesetzungsrecht in Gressow stand allerdings dem Ratzeburger Bischof Georg von Blumenthal zu. Dieser war bekannt als kalter, eifernder Mann und entschiedener Gegner der Reformation. In Gressow amtierten zu dieser Zeit noch ein alter, einäugiger Pfarrer und ein Vikar. Bernd und Reymer von Plessen verjagten den alten Pfarrer kurzerhand und setzten an seine Stelle Thomas Aderpul.

Aderpul, der bereits verheiratet war, hatte wegen Predigens zum Aufruhr und »Verführung einfältiger Leute« lange Zeit in der Haft des Bischofs von Lübeck verbracht, bevor er des Landes verwiesen wurde. Schon bald klagte auch der Dompropst von Ratzeburg seinem an dessen zweitem Amtssitz in Lebus weilenden Bischof: »Die Papen im Klützer Ort stellen sich seltsam an, nehmen Weiber, schelten auf die Heiligen, Messen, Papen und Mönche. In Euer Gnaden Kirche Gressow ist noch der disparate Bube ...«.

Zur Eskalation kam es, nachdem Bischof Georg Ende 1529 nach vier Jahren aus Lebus in das Bistum Ratzeburg zurückkehrte. Zu seinen ersten Taten gehörte es, dass er einige Pfarr-

> »Die Papen im Klützer Ort stellen sich seltsam an, nehmen Weiber, schelten auf die Heiligen, Messen, Papen und Mönche. In Euer Gnaden Kirche Gressow ist noch der disparate Bube ...«

kinder wegen rückständiger Zehnten in den Bann tat und das von den Kanzeln verkünden ließ. Aderpul verweigerte dies und predigte stattdessen von der Kanzel: »Alle Dinge über, unter und in der Erde, Holzung, Wasser, Weide und Jagd seien einem jeglichen gemein«. Da klangen fast Müntzersche Töne an. Nur einen Tag nach dieser Predigt ließ der Bischof seine Knechte den Pfarrhof »bei nachtschlafender Zeit überfallen, dem armen Priester alle seine Habe und Güter nehmen und denselben fangen, schlagen und gleich einem Missethäter binden, gewaltthätig in sein Schloß Schönberg führen und hier in schweres, hartes, verderbliches Gefängniß setzen und lange darin halten, so daß man lange nichts anders gewußt habe, als daß er darin umgebracht oder verdorben sei« – so die Klage der von Plessen.

Der Bischof wies die Klage zurück: Der Pfaffe sei ein Bube und Ketzer; die von Plessen hätten sich nicht einzumischen. Das sei allein seine, des Bischofs Sache. Nun wandten sich die von Plessen an ihren Landesherren. Am 14. Dezember missbilligte Herzog Heinrich V. den bischöflichen Eingriff in seine Gerichtshoheit, was wiederum der Bischof zurückwies. Eine Einigung schien nicht in Sicht. So nahmen die von Plessen in »bes-

ter« ritterlicher Tradition das Recht selbst in die Hand: Am 26. Dezember erklärten sie und der ganze Adel des Klützer Winkels dem Bischof die Fehde. Nur einen Tag später standen sie mit 100 Pferden und vielen Knechten vor dem Schloss des Bischofs und ließen durch Trompeter zur Ergebung auffordern. Der Schlosshauptmann beantwortete das Ansuchen mit drei Schüssen. Darauf änderten die Belagerer ihren Sinn, fielen plündernd ins Stiftland ein und kehrten mit reicher Beute heim: 251 Pferde, 279 Kühe, 465 Schafe, 32 Schweine, Leinenzeug, Kleidungsstücke, Kessel, Grapen und anderes Hausgerät. Bischof Georg klagte hierauf gegen die beteiligten 32 Adligen vor dem Reichkammergericht, welches die Beklagten nach zwanzigjähriger Verfahrensdauer zu Schadensersatz verurteilte.

Die Leidtragenden der Auseinandersetzung waren freilich vor allem die bischöflichen Bauern. Auch Thomas Aderpul war nicht geholfen. Er verbrachte fast zwei Jahre im Kerker. Kaum nach Gres-

sow zurückgekehrt, bat die Gressower Gemeinde aufgrund verschiedener Vorwürfe um einen anderen Pastor. Noch im selben Jahr, 1531, beorderte Heinrich V. Aderpul als Reformator nach Malchin und 1548 in das Schweriner Stiftsland nach Bützow, wo er wohl Anfang 1557 starb. An beiden Orten vermochte Aderpul unter jeweils schwierigen Umständen der Reformation zum Durchbruch zu verhelfen.

Mag er auch nicht ohne Tadel gewesen sein, wie die Klagen seiner Gressower Pfarrkinder nahe legen, Thomas Aderpul hat sein Leben lang für die Reformation gekämpft und gelitten. Er betrachtete es als seine Lebensaufgabe, wie er 1548 schrieb, »daß ich das heilige Evangelium zur Seligkeit fleißig verkündigen soll, wie ich es auch getan habe«.   •

▶ **WALTER WIENANDT** ist Pastor i. R.,
DR. JOHANN PETER WURM ist Kirchenarchivoberrat im Landeskirchlichen Archiv Schwerin.

Die Kirche zu Gressow. Erste schriftliche Erwähnung fand die Kirche im Jahre 1230. Um 1266 ist sie aufgrund einer Stiftung an den Einkünften des Ratsweinkellers in Wismar beteiligt. Der heutige Kirchbau stammt aus dem 14. Jahrhundert

Von der Krise zur Blüte

Die Reformation in den Universitäten Rostock und Greifswald

—

VON IRMFRIED GARBE

D ie Universitäten Rostock (1419 gegr.) und Greifswald (1456 gegr.) kamen durch die Reformation in eine schwere Krise. Zwar hatten sich Hochschullehrer beider Hansestädte kurz vor dem Beginn der Reformation humanistischen Bildungsidealen geöffnet, doch blieb die inhaltliche Ausrichtung ihres Studienbetriebes traditionell scholastisch. Die Einbindung der Dozenten in das katholische Pfründensystem, ihre zum Teil enge Verzahnung mit Konventen angrenzender Stadt- und Feldklöster wie auch die personelle Zuordnung hierarchischer Führungsposten für die umgebenden Diözesen garantierte unter ihnen einen konservativen Grundzug.

Das Medienereignis Reformation hatte seit dem Wormser Reichstag 1521 alle größeren Handelsknotenpunkte der Ostseeküste erfasst. Leserschaften und Diskussionsteilnehmer fanden sich zuhauf, soziale Spannungen der Seestädte gaben der Reformationsbewegung Rückenwind. In Rostock machte sich Joachim Slüter seit 1523 als evangelischer Prediger des Petriviertels einen Namen. Stralsund vertrieb seinen katholischen Kirchherrn 1524 und erhielt durch Johannes Äpinus schon 1525 die erste evangelische Kirchenordnung des Ostseeraums. Der Rostocker Rat erlaubte 1528 in den Mauern der Stadt die evangelische Predigt. Drei Jahre später wurde das Kirchenwesen reformiert.

Auf Dauer konnte sich niemand der Reformation entziehen

Allein das benachbarte Greifswald vermochte sich noch bis Mitte 1531 gegen die Bewegung weitgehend zu sperren. Hier waren zentrale Pfarrstellen mit den drei theologischen Ordinarien verbunden. Doch auf Dauer konnte sich ein einzelner Ort nicht gegen den Zug der Zeit abschotten. Zumal die ökonomischen Grundlagen Stück für Stück wegbrachen. Die Finanzierungsbasis der Universitäten bestand zu einem erheblichen Teil aus

Das ist nicht neu: Auch in der Zeit der Reformation achteten die Dozenten und Professoren der damaligen Universitäten auf ihre Privilegien. Geraten die in Gefahr, dann müssen die inneren Überzeugungen etwas zurückstehen

frommen Stiftungen, Renten und Kirchengütern. Schon Mitte der 1520er Jahre aber schwand die Zahlungsmoral rapide dahin. Den Rest besorgten die zum Teil wilden Säkularisierungsvorgänge. Aufgrund dessen musste die Rostocker Universität schon 1530 ihr sämtliches Tafelsilber verkaufen, um wenigstens etwas flüssige Mittel zur Verfügung zu haben. Die studentische Jugend aber hatte längst mit den Füßen abgestimmt.

Die Immatrikulationszahlen brachen ein

Seit 1523 war für Scholaren des niederdeutschen und skandinavischen Raums Wittenberg zur ersten Adresse geworden. An Warnow und Ryck, wohin sie vorher in ansehnlicher Zahl gezogen waren, brachen die Immatrikulationszahlen dramatisch ein. Der attraktivere Hochschulort Rostock hatte 1517 noch 202 Einschreibungen erlebt, aber 1526 nur noch sechs. Zu diesem Zeitpunkt scheint der Lehrbetrieb der kleineren academia Gryhiswaldensis bereits aufgegeben worden zu sein. Dabei spielten sicher mehrere Pestwellen während der frühen 1520er Jahre in beiden Orten eine Rolle. Herbe Verluste mussten hingenommen werden. Für Greifswald wurde das von kritischen Beobachtern bereits 1524 mit einer gewissen Schadenfreude kommentiert: »Pest in Greifswald: Die Universität geht endlich ein!« Die Einschreibungen sanken nach 1526 nahezu auf den Nullpunkt. Wenige Jahre später erschien der pommersche

Philipp Melanchthon setzte sich sehr für die Belange der Rostocker Universität ein. Einer seiner herausragenden Schüler war David Chytraeus, hier auf einem zeitgenössischen Holzschnitt abgebildet

Hochschulort »nur noch als ein Schatten einer Universität« (Thomas Kantzow). Einen ähnlichen Eindruck bekam der Mediziner Janus Cornarius 1527 von Rostock: Auch hier habe »kein Fach mehr als 3 studentische Hörer«. So waren die beiden niederdeutschen Bildungsanstalten zu »Universitätchen« (academiolae) geworden. Ihr Reformbedarf ergab sich zwingend.

Versuche dazu kamen zunächst von altgläubiger Seite. Sie scheiterten sämtlich. So hatte z. B. der Lübecker Stadtarzt Antonius von Breda testamentarisch eine Rostocker Professur für die Paulusbriefexegese gestiftet, weil die Wittenberger sich ja als »Pauliner« begriffen. Die Einrichtung dieser antilutherischen Professur wurde aber bis 1531 verschoben und kam dann nicht mehr zustande. Ähnlich erging es der Stipendienstiftung eines Lüneburger Doktors für altgläubige Vorlesungen. Sie wurden schlichtweg nicht nachgefragt. Für das Studium in Greifswald versuchte der Eldenaer Abt 1528 holländische Novizen aus Deventer zu gewinnen. Aber als die kleine Gruppe endlich in Pommern eintraf, war der Lehrbetrieb schon eingestellt und die Stadt von Reformationsdiskussionen erfüllt.

Die Umwandlungen der Hochschulen war nur noch eine Frage der Zeit

Jetzt rächte es sich bitter, dass die Gelehrten der norddeutschen Universitäten verpasst hatten, in den Formationsjahren der Reformation am Flugschriftenwettkampf teilzunehmen. Als endlich einige Rostocker Brüder vom Gemeinsamen Leben auf Grundlage von Hieronymus Emsers Übersetzung des Neuen Testamentes eine plattdeutsche Bibel herstellen wollten, stoppte der Rat der Stadt Rostock ihren Druck 1530 im letzten Moment und drohte im Übertretungsfall mit drakonischen Strafen. Die »Martinianische lere vnnd faction« hatte sich politisch und gesellschaftlich durchgesetzt. Die Umwandlung der Hochschulen war nurmehr eine Frage der Zeit.

Erste evangelische Predigten

Zu Johanni 1531 wurde das auch in Greifswald klar: Johannes Knipstro, bald danach Theologieordinarius und pommerscher Generalsuperintendent, hielt die erste evangelische Predigt in der Kollegiatkirche St. Nikolai. Danach ging alles mit raschen Schritten voran. Die alten Hochschuleliten resignierten. So kritzelte der Greifswalder altgläubige Rektor Wichmann Kruse (1464–1534), der zugleich das Pfarramt an St. Marien innehatte, ans Ende einer antilutherischen Schrift seiner Bibliothek: »Dieses Buch habe ich ausgelesen im Jahr des Heils 1532, am Tag der Beschneidung, da meine Kirche von den Martinianern beraubt wurde.« Auch Rostocker Kollegen schrieben den »fall und vnderganck« ihrer Hochschule der »veranderinge der religion vnd lere vnd vorachtinge aller guden kunste« zu. Dabei unterschlugen sie, dass eine neue Hochschulgeneration bereits in den Startlöchern stand. Sie sorgte dafür, dass der Rostocker Lehrbetrieb schon bald wieder Fahrt aufnahm.

Renaissanceansicht des Ernst-Ludwig-Baus (Hauptgebäude der Universität Greifswald). Ein Vorgängerbau, der auf Herzog Ernst Ludwig von Pommern zurückging, wurde ab 1591 als erstes eigenständiges Universitätsgebäude errichtet. Der dreigeschossige, sogenannte Ernst-Ludwig-Bau gehört zu den wenigen Großbauten im Stil der Renaissance in Pommern

Die Hochschulen nehmen wieder Fahrt auf

1531 wurden in Rostock die Wittenberger Absolventen Conrad Pegel (1487–1567) und Arnold Burenius (1485–1566) eingeführt. Als Luther- und Melanchthonschüler gaben sie die künftige Richtung der Universitätsentwicklung vor. Allerdings stieß es dem Rat der Stadt übel auf, dass sie die Favoriten des mecklenburgischen Herzogs Heinrich waren. Daraus entstand ein Dauerkonflikt, der viele Jahre schwelte und die Wiederbelebung der Universität nachhaltig bremste. Beide Seiten nahmen für sich das Universitätspatronat in Anspruch, was die Klärung vieler offener Fragen blockierte. Dabei war unstrittig, dass es um eine Wiederherstellung der Hochschule im reformatorischen Sinne gehen müsse. 1533 hatte das der Lübecker Stadtsuperintendent Hermann Bonnus in seinem »Ratschlag zur Wiederherstellung der Rostocker Hochschule« (Consilium ad reparanda academia Rostociensi) erläutert: Diese könne nur glücken, wenn sie personell, strukturell und ökonomisch neu formiert werde. Interessenten und Mithelfer wusste man in den schon evangelisch gewordenen Vororten der Hanse, besonders in Hamburg und Lübeck, aber auch in Lüneburg und Wismar. So wurde die »Reparatur« der Rostocker Universität für ein Jahrzehnt zum Dauerthema auf den Hansetagen.

Die Wittenberger begrüßten das. Philipp Melanchthon, der sich mehrfach für Rostock engagierte, lobte etwa den Hamburger Rat 1540: »Eurer Weisheit ist die Selbstverständlichkeit bekannt, daß zur Erhaltung der christlichen Religion dringend der Aufbau von Schulen nötig ist [...] Deshalb freut es mich sehr, daß einige Städte die Wiederherstellung der Universität Rostock planen und die Einstellung des Personals und dessen Besoldung unterstützen.« Freilich war diese angekündigte Hilfe der Hansestädte von politischen Konstellationen und wirtschaftlichen Konjunkturen abhängig. Als sich deren Handlungsfreiheit zunehmend einschränkte, fielen die Hansestädte als Partner wieder aus. So blieb der Rostocker Hochschule nur, auf die Stadt Rostock und die mecklenburgischen Herzöge zu setzen.

Konsolidierung war angesagt

1549 beschloss der Landtag an der Sagsdorfer Brücke die Reformation für ganz Mecklenburg. In der Zwischenzeit war viel kirchliches Vermögen in Unordnung geraten, zweckentfremdet oder veräußert worden. Die finanzielle Sicherung des Universitätsbetriebs hing dadurch in der Luft. Bis zur endgültigen Konsolidierung seiner Finanzen blieben schwerwiegende Probleme zu lösen. Die stärkste Hypothek bildete dabei der »Dreifrontenkrieg« (S. Pettke) zwischen akademischem Konzil, Rostocker Rat und mecklenburgischem Herzogshaus. Die beiden politischen Größen nahmen je für sich das Universitätspatronat in Anspruch. Über viele Jahre wollte keine Seite nachgeben. Eine Lösung des Konfliktes wurde erst 1563 in der Formula concordia gefunden. In ihr schrieb man eine paritätische Aufteilung der Lehrstühle fest: Neun Professuren wurden vom Rostocker Rat bezahlt, neun vom mecklenburgischen Herzogshaus.

In der gleichen Zeit wurden auch in Pommern die Universitätsstrukturen endgültig beschrieben. Nachdem der Universitätsbetrieb während der 1530er Jahre so gut wie still gestanden hatte und die meisten der Lehrstühle verwaist waren, hatte man 1534 diskutiert, die Universität überhaupt an einen günstigeren Ort, z. B. nach Stettin, zu verlegen. Der Stettiner Stadtrat reagierte auf solche Vorschläge jedoch abweisend: Eine Universität bringe nur »vele uprors«. Bugenhagen nutzte die pommersche Kirchenordnung und seine Visitationsreise 1535, um einzuschärfen, dass es zur Erhaltung des geistlichen und weltlichen Regiments unbedingt nötig sei, »eyne gude volle Vniversiet anthorichten«. Da die Greifswalder infolge der eingetretenen Unterversorgung »verfallen« sei und es außerdem an Gymnasien fehle, könne fürs Erste ein Betrieb mit acht Professuren ausreichen. Mediziner solle man sich einstweilen

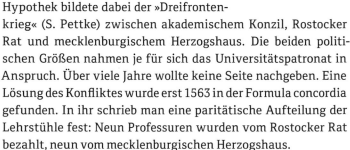

sparen. Günstig für die Wiederbelebung Greifswalds erwies sich, dass 1532 die Erhaltung der Hochschule im Vertrag über die Landesteilung festgehalten worden war. Die Initiative lag damit bei Philipp I., der für den Landesteil Pommern-Wolgast zuständig war.

Ohne große Feierlichkeit wurde der Lehrbetrieb zu Martini 1539 wieder aufgenommen, mit zunächst sieben Professoren. 1544 waren es dann neun. Aber die finanziellen Schwächen führten zu einem unablässigen Personalwechsel besonders bei den Lehrkräften der Artistenfakultät. Die Statuten von 1547 nennen 17 Professorenstellen. Die Bezahlung der Ordinarien in der theologischen und einiger in der artistischen Fakultät wurden über Pfarr- und Diakonatstellen an den Stadtkirchen gesichert. 1558, 1563, 1568 und 1571 kam es zur wiederholten Revision der Statuten, die Ordinarien wurden auf die Zahl von 13 reduziert. Damit waren die finanziellen Möglichkeiten der Hochschule ausgereizt. Immerhin sorgten die pommerschen Landstädte für einen Unterstützungsfonds in Anerkennung der Universität als Dienerin am »gemeinen Wohl des ganzen Vaterlandes«.

Mit der finanziellen Konsolidierung beider Universitäten in den 1560er Jahren war deren Reformation abgeschlossen. Aus Anstalten des scholastischen Studium generale waren Landeshochschulen zur Bildung territorialer Beamtenschaften geworden. Die bischöflichen und monastischen Fundatorenrechte des 15. Jahrhunderts waren an fürstliche Regenten und adlige Räte übergegangen. Nur die städtischen Zuständigkeitsrechte setzten sich in die neue Zeit fort. Zwischen den alten Kollegien und neuen Kollegien hatte ein fast vollständiger Personalwechsel stattgefunden. Die innere Organisation der Hochschulen richtete sich nun nach dem Vorbild Wittenbergs aus. Der gesamte Lehrbetrieb basierte auf lutherischer Bekenntnisgrundlage. Die Lehrbücher Melanchthons erhielten in der artistischen, theologischen und medizinischen Fakultät den Status von Grundlagenwerken. Seine Schüler stellten einen erheblichen Teil des neuen Lehrpersonals. Unter ihnen ragen David Chytraeus (1530–1600) für Rostock und Jakob Runge (1527–1595) für Greifswald heraus. Mit ihnen beginnt eine neue Blütezeit der Hochschule unter reformatorischem Vorzeichen. •

▸ DR. IRMFRIED GARBE
studierte Theologie in Greifswald, Vikariat am Dom St. Nikolai, wissenschaftlicher Assistent am Lehrstuhl für Kirchengeschichte an der Evangelisch-Theologischen Fakultät der Ernst-Moritz-Arndt-Universität in Greifswald, heute Pastor in Dersekow.

Dietrich Bonhoeffer in Pommern

Der Kampf um das Bekenntnis
—

VON HANS-JÜRGEN ABROMEIT

Wer sich an Dietrich Bonhoeffer erinnert, denkt an Berlin und die große weite Welt: Rom, Barcelona, New York und London. Für die erste Hälfte des 20. Jahrhundert war Bonhoeffer ein ausgesprochen weltläufiger Theologe. Und doch waren die letzten zehn Jahre des Wirkens von Dietrich Bonhoeffer eng mit Pommern verbunden.

In Zingst wurde das Predigerseminar gegründet, das später nach Finkenwalde bei Stettin verlegt wurde und dann in den Sammelvikariaten in Hinterpommern weitergeführt wurde. In dieser Zeit wechselte der Schwerpunkt seiner Tätigkeit von kirchlicher Lehrtätigkeit zu weltlichem Handeln im Widerstand gegen das nationalsozialistische Regime. Man hat deswegen Bonhoeffers Tätigkeit eine Grundrichtung »von der Kirche zur Welt« (Hanfried Müller) entnehmen wollen. Aber diese Aussage ist falsch. Bonhoeffer kam nicht aus der Kirche und wandte sich dann einem weltlichen Engagement zu. Richtig ist, dass Bonhoeffer aus der Welt kam, aus einer Familie und aus einem Milieu, das diese säkulare Kultur tief in sich aufgenommen hatte, und nun die Kirche in ihrer Kraft und Ursprünglichkeit neu entdeckte. Bonhoeffers Liebe gehörte der Kirche. Er war voll und ganz ein Mann der Kirche. Seine Lebensfrage ist die Verbindung von Kirche und Welt. Oder: Wie gewinnt die Kirche in einer säkularen Kultur Überzeugungskraft und Ausstrahlung? Mit dieser Frage ist Bonhoeffer ganz nahe bei den Herausforderungen, vor denen wir heute stehen.

Die Orte und Stätten, an denen Dietrich Bonhoeffer in Pommern gewirkt hat, hatten dabei die Aufgabe – um eine Wendung zu gebrauchen, die er selbst geprägt hat –, der Kirche zur »innersten Konzentration für den Dienst nach außen« zu helfen. Vorpommern und Finkenwalde bei Stettin und die Sammelvikariate dienten von 1935 bis 1940 der Besinnung auf die Kraft, wie sie im Wort Gottes verborgen liegt. Hinterpommern mit seinen Gutshäusern war Rückzugsort nach Bonhoeffers konspirativen Reisen und seiner Widerstandtätigkeit in den Jahren 1940 bis 1943.

Im Zingsthof bei Zingst begann Bonhoeffer am 26. April 1935 ein Predigerseminar für Vikare der Bekennenden Kirche. 23 Vikare unterrichtete er im Predigen, Unterrichten, in Seelsorge und in der Kenntnis der Lutherischen Bekenntnisschriften. Das Zentrum der Ausbildung aber bildete die Wiederentdeckung der Nachfolge Jesu als Grundlage des Dienstes. Daneben genoss man Landschaft und Natur und konnte sich auch schon mal draußen in den Dünen zu Diskussionen oder zum gemeinsamen Singen treffen. Von der Zingster Kanzel durfte Bonhoeffer am 2. Juni 1935 predigen.

Im Juni 1935 hielt sich das Seminar für zehn Tage in Greifswald auf. In diesen Tagen und später von Finkenwalde aus wurde um die Professoren und Studenten der Greifswalder Theologischen Fakultät gerungen. Anfangs stellte der Stadtsuperintendent Karl von Scheven für Veranstaltungen Bonhoeffers noch den Dom St. Nikolai zur Verfügung. Während von Scheven und auch der führende Theologe der Greifswalder Fakultät, der Systematiker Professor Dr. Rudolf Hermann, sich zuerst der Bekennenden Kirche angeschlossen hatten, wollten sie die von ih-

Dietrich Bonhoeffer (1906–1945) gehört zu den profiliertesten Theologen des 20. Jahrhunderts und der »Bekennenden Kirche«. Er wurde auf ausdrücklichen Befehl Adolf Hitlers kurz vor Kriegsende im KZ Flossenbürg hingerichtet

nen als radikal eingestufte Linie Bonhoeffers und seiner Seminaristen nicht teilen. Hermann war seit September 1935 nicht mehr Mitglied der Bekennenden Kirche. Nur der aus Breslau nach Greifswald strafversetzte Neutestamentler Professor Dr. Ernst Lohmeyer hielt sich weiterhin dazu. In Greifswald richtete die Bekennende Kirche im Sommer 1936 ein »Theologiestudentenamt« ein, dessen zweiter Leiter ab Herbst 1936 der bei Bonhoeffer ausgebildete, gerade ordinierte Pastor Albrecht Schönherr wurde. Er war später Bischof der Berlin-Brandenburgischen Kirche. Im Sommer 1936 hielt sich Bonhoeffer fast wöchentlich in Greifswald auf. Schönherr richtete ein Theologiestudentenwohnheim ein, das allerdings häufig seinen Standort wechseln musste. Gegründet im Verbindungshaus der Borussia in der Arndtstraße 10, zog es später in die Lönsstraße 1 (heute Falladastraße, ehemaliges Verbindungshaus der Gothia). 1938 muss es noch einmal umziehen, nämlich in das Haus der christlichen Verbindung Wingolf, damalige Lönsstraße 2.

Außer Bonhoeffer lud das Theologiestudentenamt auch so wichtige Persönlichkeiten wie Pfarrer Martin Niemöller, Generalsuperintendent a. D. Otto Dibelius, den Präses der Pommerschen Bekenntnissynode Reinhold von Thadden-Trieglaff, den vormaligen Mecklenburger Landesbischof und dann Stettiner Pfarrer Prof. Dr. Heinrich Rendtorff u. a. zu Veranstaltungen ein. Es wurde zunehmend schwierig, für diese Veranstaltungen Gemeinderäume in Greifswald zu bekommen, besonders, wenn Professoren der Theologischen Fakultät im Gemeindekirchenrat saßen. Dann sprang häufig die Gräfin

Für die Nazis waren sowohl die evangelische als auch die katholische Kirche generell der Untreue gegenüber ihrer Ideologie verdächtigt. Denn die Kirche sah in Hitler nicht die oberste Autorität, der sie sich fügen musste. Auch für Bonhoeffer blieb immer das Bekenntnis zur Nachfolge Christi oberstes Gebot.

Mechthild von Behr auf Behrenhoff ein und stellte ihr Gutshaus zur Verfügung. Hier kam man für Vorträge, aber auch für mehrtägige Tagungen zusammen. Die Persönlichkeit der Gräfin und ihre Gastfreundschaft ließen diese Zusammenkünfte zu etwas ganz Besonderem werden. Die Theologiestudierenden genossen das Essen im gräflichen Speiseraum, das Servieren durch livrierte Diener und die Zigaretten mit dem gräflichen Wappen.

Nach diesem Zwischenstopp in Greifswald zog das Predigerseminar nach Finkenwalde bei Stettin weiter. Dort nutzte man ab dem 24.6.1935 ein älteres Herrenhaus, das eine Weile lang als eine private Erziehungsanstalt gedient hatte. Nun sollten hier künftige Prediger erzogen werden. Die Tageseinteilung und die Arbeitsweise mussten sich diesem Ziel unterstellen. Den Tageslauf rahmten zwei lange Andachten ein. Sie umfassten Lieder, Psalmgebet, fortlaufende alt- und neutestamentliche Lesungen, ausführliches freies Gebet (meistens Bonhoeffers) und gemeinsames Vaterunser. An die Morgenandacht schloss sich eine halbstündige Meditationszeit an.

Der Greifswalder Aufenthalt des Predigerseminars im Sommer 1935 war ein Vorspiel zu den später regelmäßig stattfindenden Volksmissionsfahrten des gesamten Predigerseminars. Bei diesen Fahrten wurden eine Woche lang von je vier Brüdern, verteilt auf sechs Kirchspiele, die Gemeinden besucht. Kinderstunden und Bibelkreise wurde angeboten. An den Abenden gab es vier Tage lang hintereinander eine gemeinsam gestaltete Veranstaltung in der Kirche, zu der in der Regel mehr Einwohner gekommen sind, als die Seminaristen erwartet hatten.

Diese Volksmissionsfahrten führten die Vikare in die Kirchenkreise Belgard und Greifenberg (Hinterpommern) und in den Kirchenkreis Anklam in Vorpommern.

Am 28. September 1937 wurde das Seminar offiziell durch die Geheime Staatspolizei geschlossen. Der Studieninspektor Fritz Onnasch (Vater des später in Greifswald lehrenden Theologieprofessors Martin Onnasch) musste den Schließungsbefehl entgegennehmen. Man richtete sich darauf ein, die Ausbildungsarbeit illegal in Form sogenannter Sammelvikariate fortzusetzen. Darunter verstand man die Zuordnung von ca. zehn Vikaren zu einem bestimmten Pfarrhaus, in dem dann der Unterricht fortgesetzt werden konnte.

Zum einen stellte dazu der Superintendent von Köslin und Vater von Fritz Onnasch, Friedrich Onnasch, sein Pfarrhaus zur Verfügung. So wirkte Fritz Onnasch in Köslin als Studieninspektor. Das andere Sammelvikariat fand sich in Schlawe, 40 km östlich von Stolp, zusammen. Hier fungierte Eberhard Bethge als Studieninspektor. Dietrich Bonhoeffer pendelte zwischen beiden Stätten hin und her. Auf diese Weise konnte unbemerkt von der Gestapo noch bis 1940 die Ausbildungstätigkeit für die Bekennende Kirche fortgesetzt werden.

Eine neue Welt erschloss sich Bonhoeffer durch seine Begegnungen mit dem pommerschen Landadel. Der Kontakt entstand durch Ruth von Kleist-Retzow, die ihren Alterswohnsitz in Klein-Krössin hatte, aber auch eine Wohnung in Stettin unterhielt. Von hier aus trat sie mit ihren Enkelinnen und Enkeln in lebhaften Austausch zu Bonhoeffer und den

Das damalige Theologiestudentenamt der Bekennenden Kirche
(heute Falladastraße 1), in dem sich
Dietrich Bonhoeffer oft aufhielt

Seminaristen. Sie schloss sich der Finkenwalder Be-
kenntniskirchengemeinde an. Eine ihrer Enkelinnen war Maria von Wedemeyer, die spätere Braut
Dietrich Bonhoeffers. Auch als Bonhoeffer 1940 seinen Lebensschwerpunkt wieder von Pommern nach
Berlin verlegt hatte, hielt er doch regelmäßig Kontakt zu einer Reihe von Gutshäusern Hinterpom-
merns. Besonders in Kieckow, dem Sitz der Kleist-
Retzows, und in Klein-Krössin ging Bonhoeffer ein
und aus und verbrachte hier immer wieder Urlaubs-
wochen. Manche Seite seiner Ethik ist hier entstanden. Auch hierbei hat sich Bonhoeffer leiten lassen
von der Frage, wie eine am Wort Gottes gebildete
Theologie einer säkularen, mündig gewordenen
Welt Orientierung geben kann. Er ist dabei immer
ein reformatorischer Theologe geblieben, geprägt
von den lutherischen Bekenntnisschriften, die er
im Licht der Barmer Theologischen Erklärung von
1934 und ihrem gegen die Deutschen Christen und
den Nationalsozialismus gerichteten Geist las.   •

▶ **DR. HANS-JÜRGEN ABROMEIT**
ist Bischof im Sprengel Mecklenburg und Pommern
mit Sitz in Greifswald.

Protestantismus und Sozialismus in der DDR-Zeit

VON WOLFGANG NIXDORF

▶
Wenn es im Kirchenraum zu eng wurde, feierte man den Gottesdienst mit dem »Kirchenwagen«

▼
Das Propaganda-Journal »Sputnik« »bewies« die Nicht-existenz Gottes, weil im All Gott nicht gefunden wurde

Die beiden protestantischen Kirchen von Mecklenburg und Pommern haben sich nach 1945 tiefgehend verändert. Von den 53 Kirchenkreisen Pommerns waren Ende 1946 nur die 18 westlich der Oder gelegenen übrig geblieben. In Mecklenburg mussten der Deutsch-Christliche Oberkirchenrat und Landesbischof Walther Schulz, der zugleich Mitglied der NSDAP war, zurücktreten. Dennoch hielt sich noch der volkskirchliche Charakter beider Landeskirchen. Durch die bis Ende 1946 anhaltende Flut von Flüchtlingen und Umsiedlern konnte die mecklenburgische Landessynode 1952 von 1.200.000 evangelischen Christen in Mecklenburg sprechen. Die tiefe Frömmigkeit der Flüchtlinge führte vielfach zu einer Neuentdeckung gottesdienstlichen Lebens und einer Aktivierung der Gemeinden. Die im Juli 1945 gebildete Regierung von Mecklenburg-Vorpommern nahm den erstarkten Protestantismus zur Kenntnis. Sie schuf eine Verbindungsstelle beim Ministerpräsidenten in Schwerin, die in schwierigen Fragen vermittelte. In einem staatlichen Arbeitspapier von Februar 1952 hieß es: » Weil von 18 Millionen Bürgern nur 1,5 Millionen Atheisten seien und 80 Prozent der SED-Mitglieder noch zur Kirche gehören, solle man keine Kluft zur Kirche hin aufreißen.«

Rudolf Rochhausen **Der Sputnik und der liebe Gott**

Der Aufbau des Sozialismus

Auf der 2. SED-Parteikonferenz vom 9. bis 12. Juli 1952 proklamierte Walter Ulbricht den »Planmäßigen Aufbau des Sozialismus« und damit verbunden eine »Verschärfung des Klassenkampfes«. Dazu gehörten die Kollektivierung der Landwirtschaft, Maßnahmen gegen den bürgerlichen Mittelstand sowie ein »verschärftes Vorgehen« gegen die Kirchen. Der Landesjugendtag in Rostock, Bibelrüsten der Jungen Gemeinden und die Tätigkeit der Studentenpfarrer wurden verboten. Diakonische und landwirtschaftliche Einrichtungen der Kirche wurden beschlagnahmt und mehrere Pfarrer verhaftet. Im Januar 1953 beschloss das Politbüro eine Kette von Maßnahmen gegen die Junge Gemeinde. Das FDJ-Zentralorgan »Junge Welt« bezeichnete die Junge Gemeinde als »Tarnorganisation für Kriegshetze, Sabotage und Spionage im USA-Auftrag«. Das Tragen des Bekenntniszeichens – Kreuz auf der Weltkugel – wurde ebenso verboten wie alle kirchlichen Jugendzeitschriften. Wer das Bekenntniszeichen trug, wurde diskriminiert. Von Wolgast, Greifswald und Stralsund bis Rostock und Schwerin wurden Schülerinnen und Schüler von der Schule verwiesen oder vom Abitur ausgeschlossen.

Am 10. Juni 1953 kam überraschend ein Gespräch zwischen dem gerade aus Moskau zurückgekehrten Ministerpräsident Otto Grotewohl und den Bischöfen der DDR zustande, in dem ein neuer Kurs verkündet wurde. Alle Maßnahmen gegen die Jungen Gemeinden sowie Einrichtungen und Arbeitsformen der Kirche wurden zurückgenommen.

Der Kampf gegen den Protestantismus

Aber auch nach dem 10. Juni 1953 blieb das staatliche Ziel unverändert: Dezimierung der Kirche, Zerschlagung des kirchlichen Einflusses, Überwindung des »religiösen Aberglaubens«. Die Bezirksleitung Schwerin der SED führte von 1954 an 14-tägige Arbeitsbesprechungen über »atheistische Propaganda« und »religiöse Angelegenheiten« durch. Im November 1954 wurde die Jugendweihe eingeführt. Aus der angeblich freiwilligen Teilnahme wurde im Verlauf der nächsten Jahre Zwang. Am 18. März 1958 teilte der Bezirk Schwerin allen Kreisen und Schulen mit, »dass alle Kinder, die nicht an der Jugendweihe teilnehmen, für den Besuch von Ober- und Hochschulen schlechthin nicht in Betracht kommen«. 1963/64 nahmen im Bezirk Rostock von 11.115 Schülern 10.665 an der Jugendweihe teil – 95,9 Prozent.

Nach dem Mauerbau 1961 und der EKD-Ostsynode von Fürstenwalde 1967, auf der sich Bischof Krummacher für ein Bleiben in der EKD ausgesprochen hatte, nahmen die staat-lichen Maßnahmen immer mehr zu. Christliche Kinder wurden in den Schulen lächerlich gemacht, Lehrer und Universitätsangestellte durften an keinen kirchlichen Veranstaltungen teilnehmen, nötige Baukontingente wurden verweigert. Die pommersche Landeskirche musste ihren Namen in »Evangelische Landeskirche Greifswald« ändern. Da in Neubaugebieten keine Kirche sein sollte, besorgte sich die Gemeinde von Rostock Süd-stadt einen alten Zirkuswagen und feierte dort ihre Gottes-dienste.

Mit der Gründung des Bundes der Evangelischen Kirchen in der DDR 1969 versuchten die DDR-Kirchen nicht nur staatlichen Forderungen zu entsprechen, sondern vor allem eine Struktur zu schaffen, die dem Protestantismus entspricht. Die ersten Bundessynoden von Potsdam 1970 und Eisenach 1971 definierten den Bund als »Zeugnis – und Dienstgemeinschaft in der sozialistischen Gesellschaft in der DDR«. Bischof Dr. Heinrich Rathke entfaltete 1971 das Ziel »Kirche für andere«: Kirche kann nicht gegen, ohne und wie die anderen sein, sondern nur Kirche für andere!

Der Staat reagierte auf die Gründung des Kirchenbundes mit Misstrauen. Speziell in den Nordbezirken, die überwiegend kein Westfernsehen empfangen konnten, wurde der ideologische Druck weiter ausgebaut. In einem Arbeitsbericht des Bezirkes Schwerin hieß es: Der von der Kirche ausgeübte Druck auf gläubige Menschen »muss schneller geschwächt werden. Daher ist es notwendig, dass die Möglichkeit der Namensgebung

Bischof Friedrich-Wilhelm Krummacher (1901–1974), Bischof der Pommerschen Evangelischen Kirche, und rechts: Horst Gienke (geb. 1930), Nachfolger von Bischof Krummacher im Amt und ehemaliger Vorsitzender des Rates der Evangelischen Kirche der Union (EKU) in der DDR

schnell proklamiert wird und dass feste und bekannte Rednerkollektive bei Eheschließungen und Sterbefällen existieren«. In Neubrandenburg wurde Lehrern ihr Examenszeugnis erst überreicht, wenn sie vorher aus der Kirche ausgetreten waren.

Nach dem Spitzengespräch von 1978

Völlig überraschend lud der Staatsratsvorsitzende Erich Honecker den Vorstand des Bundes zu einem Gespräch am 6. März 1978 ein. Lediglich die Bischöfe waren vorinformiert. Bischof Schönherr wies in seiner Ansprache auf gemeinsame Aufgaben und die Situation von Kindern und Jugendlichen hin. Honecker erklärte, Kooperation zwischen Staat und Kirche sei möglich, und formulierte konkrete Zusagen, die in zehn Punkten gipfelten. Trotz Diskussionen auf beiden Seiten führte das Spitzengespräch zu einer Veränderung des staatlichen Verhaltens. Veranstaltungen zum 500. Geburtstag Luthers 1983 wurden koordiniert, regionale Kirchentage genehmigt, Gespräche auf allen Ebenen möglich. 1985 konnte das Bugenhagen-Jubiläum in Greifswald öffentlich gefeiert werden.

Gerade die regionalen Kirchentage waren für den Zusammenhalt von Christinnen und Christen wichtig. Zu nennen sind hier z. B. die Rostocker Kirchentage 1983 (»Vertrauen wagen«) und 1988 (»Brücken bauen«), deren Organisation und inhaltliche Vorbereitung u.a. von Joachim Gauck als dem Vorsitzenden des mecklenburgischen Landesausschusses verantwortet wurden. In Dialogveranstaltungen (wie 1988 in Rostock), wurden zum Teil Begegnungs- und Diskussionsmöglichkeiten zwischen Protestantismus und Sozialismus erprobt.

Die Kirchentage wie auch der Konziliare Prozess bereiteten maßgeblich den Weg der Friedlichen Revolution 1989. Die Anliegen bekamen umso stärkeres Gewicht, weil das sich an der staatlichen Bildungspolitik nichts geändert hatte: Als 1980 christliche Jugendliche den Aufnäher »Schwerter zu Pflugscharen« zu tragen begannen, griffen die staatlichen Organe so hart zu wie 1953. Alternative Jugendgottesdienste und Blues-Messen wurden argwöhnisch beobachtet, z. B. in Greifswald und Stralsund. Kirchliche Veranstaltungen mit kritischen Schriftstellern und Liedermachern in Mecklenburger Gemeinden erregten staatliche Proteste. Bischof Stier musste gegen Verhöre und Verhaftungen in Schwerin protestieren.

Auch im Norden kam es zu Friedensgebeten mit anschließenden Demonstrationen, u. a. in Schwerin, Rostock, Stralsund, Greifswald und an vielen anderen Orten. Stasi-Zentralen wurden besetzt, kirchliche Mitarbeiter und Christen trugen maßgeblich zur Wende bei und praktizierten an Runden Tischen Demokratie. Der Sozialismus endete, der Protestantismus bekam ein neues Gesicht als tragende gesellschaftliche Kraft. Er war jedoch in den vier Jahrzehnten DDR von über 80 Prozent der Bevölkerung auf etwa 24 Prozent geschrumpft. •

▶ DR. WOLFGANG NIXDORF
war Pfarrer und Oberkonsitorialrat in Greifswald und beteiligt sich an zeitgeschichtlichen Forschungen speziell zum Verhältnis Staat – Kirche in der ehemaligen DDR.

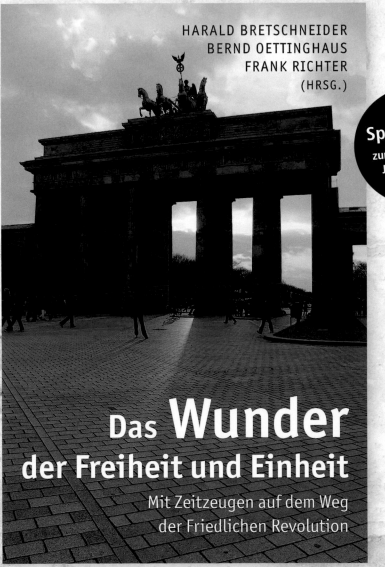

HARALD BRETSCHNEIDER
BERND OETTINGHAUS
FRANK RICHTER
(HRSG.)

Das **Wunder**
der Freiheit und Einheit

Mit Zeitzeugen auf dem Weg
der Friedlichen Revolution

Spitzentitel
zum 25-jährigen
Jubiläum des
Mauerfalls

exklusive Berichte
prominenter Zeitzeugen

Harald Bretschneider | Bernd Oettinghaus
Frank Richter (Hrsg.)

Das Wunder der Freiheit und Einheit

Mit Zeitzeugen auf dem
Weg der Friedlichen Revolution

320 Seiten | 14 x 21,5 cm | Hardcover

€ 16,95 [D]

ISBN 978-3-374-03906-7

Der 3. Oktober 1989: Honecker schließt die letzte offene Grenze der DDR – zur ČSSR. Die Welt hält den Atem an. Es folgen 38 bewegende Tage, bis sich die Mauer öffnet. Über 50 Zeitzeugen nehmen uns mit auf eine Reise durch die entscheidenden Tage der Friedlichen Revolution, darunter Politiker wie Hans-Dietrich Genscher, Joachim Gauck und Christine Lieberknecht sowie Akteure der Friedlichen Revolution wie Christian Führer und Uwe Holmer. Autoren aus Ost und West vertiefen dies in Hintergrundberichten und biblischen Impulsen und geben Anstöße, sich mit seinem Glauben auch heute in der Gesellschaft einzumischen. Damals waren es Kerzen und Gebet – und heute?

Ein Buch für die persönliche Andacht wie auch für Gruppengespräche. Der 3. Oktober bis 11. November 1989 – Tag für Tag: Mit Zeitzeugendarstellung, Impulsgebet und geschichtlichem Hintergrund.

 EVANGELISCHE VERLAGSANSTALT
Leipzig

www.eva-leipzig.de · Bestell-Telefon 0341 7114116 · vertrieb@eva-leipzig.de

 www.facebook.com/leipzig.eva

EVANGELISCHE GESCHICHTS- STUNDEN IN WORT UND BILD

In der Nordkirche hat sich seit der Reformation ein reges Gemeindeleben entfaltet. Und bedeutende Künstler haben ein reiches Erbe hinterlassen, darunter Caspar David Friedrich und Ernst Barlach, deren Werken und Orten wir heute in Mecklenburg-Vorpommern begegnen können.

»Meine Figuren sind äußere Darstellungen eines inneren Vorgangs«

Das Evangelium des Ernst Barlach

—

VON KAREN SIEGERT

Ernst Barlach hat mich auf meinem Weg begleitet. In Güstrow, der Stadt, in der er von 1910 bis zu seinem Tod lebte, bin ich geboren und unter seinem Bronzeengel im Güstrower Dom getauft. Meine Mutter hat mir von Ernst Barlach erzählt. Als Jugendliche ist sie ihm manchmal begegnet, wenn er vom Inselsee in die Stadt kam. In unserem Wohnzimmer hingen Fotos von seiner Plastiken. Während des Studiums habe ich seine Dramen gelesen und darüber meine Diplomarbeit geschrieben. Seit 11 Jahren bin ich Pastorin in Rerik, einem kleinen Ort an der Ostsee, wo Alfred Andersch seinen Roman: »Sansibar oder der letzte Grund« spielen lässt. Im Mittelpunkt eine Barlach Figur: »Der lesende Klosterschüler«, der übers Meer in Sicherheit gebracht werden soll.

Barlach kommt nach Güstrow

1906 ist für Barlach ein wichtiges Jahr. Mit seinem Bruder zusammen fährt er nach Russland. Durch die Erfahrung von Weite und Stille und durch die Begegnung mit Menschen in dieser Landschaft findet er seine Ausdrucksform. Es entsteht die russische Bettlerin. Mit ihr schafft er seinen Durchbruch. 1910 kommt Barlach nach Güstrow. Sesshaft wird er hier – zumindest äußerlich. In Güstrow entstehen seine wichtigsten Plastiken und Dramen und er schreibt Tagebuch. Das »Güstrower Tagebuch« ist eine Art Selbstverständigung mit ersten Konzepten, Entwürfen und Beobachtungen des Kleinstadtlebens.

Nach dem Tod seiner Mutter im Jahr 1920 denkt Barlach ernsthaft daran, wieder nach Berlin zu gehen. Im Tagebuch beklagt er die Einsamkeit und schreibt von seiner Sehnsucht: »... einmal ein vertrauliches Wort zu einem umsichtigen und freundschaftlichen Menschen zu sprechen ...« (Güstrower Tagebuch, S. 307). Sicherlich kein Zufall, dass in dieser Zeit die Plastik: »Der Flüchtling« entsteht. Aber Barlach bleibt und er begegnet Marga Böhmer. Sie ist selber Bildhauerin. Sie wird nun Barlach begleiten und nach seinem Tod dafür sorgen, dass seine Werke in der Gertrudenkapelle einen Platz bekommen.

Erste Verfemungen

Das Atelierhaus in den Heidbergen am Inselsee wird 1930 gebaut. Aber Barlach kann sich dieses Haus finanziell nicht mehr leisten. Seine Aufträge gehen zurück, seine Dramen werden von den Spielplänen gestrichen und seine Kunst wird als »entartet« bezeichnet. In dieser Zeit entsteht sein »Wanderer im Wind« – die äußere Darstellung von dem, was in ihm vorgeht. Er hängt seinen Mantel nicht in den Wind, nein, er hält ihn fest und schützt sich. Er nimmt nicht den Hut, sondern zieht ihn tiefer ins Gesicht. Der Wanderer im Wind geht an gegen den Geist und den Sturm der Zeit.

Barlach und der Schwebende Engel

Aber dieses »Dagegen angehen« wird immer schwerer. 381 seiner Werke werden beschlagnahmt. Besonders getroffen hat ihn die Abnahme des Schwebenden, des Engels, im Güstrower Dom.

Barlach war Gemeindeglied der Domgemeinde. Der Kirchgemeinderat hatte ihn beauftragt mit der Schaffung eines Ehrenmals. Barlach schuf den Schwebenden, den Engel. Er schwebt niedrig genug, um das Leid der Kriege zu spüren und es mit seiner ganzen Schwere in sich auf zu nehmen. Am Himmelfahrtstag 1927 übergibt Barlach ihn der Domgemeinde. Vom Kirchgemeinderat wurde der Engel als wichtig und aussagestark empfunden. Nur zehn Jahre später war er bereit, den Engel zu entfernen. »Der Engel ist weg, jetzt ist meines Bleibens hier nicht mehr«, so schreibt Barlach an einen Freund.

Der menschenscheue Barlach

Barlach wird immer menschenscheuer und geht kaum noch in die Stadt. Der »Zweifler« und die »Frierende Alte« entstehen. Barlach friert an Leib und Seele. »Das Schlimme Jahr« nennt er eines seiner letzten Werke. Aus dem Wanderer im Wind ist eine

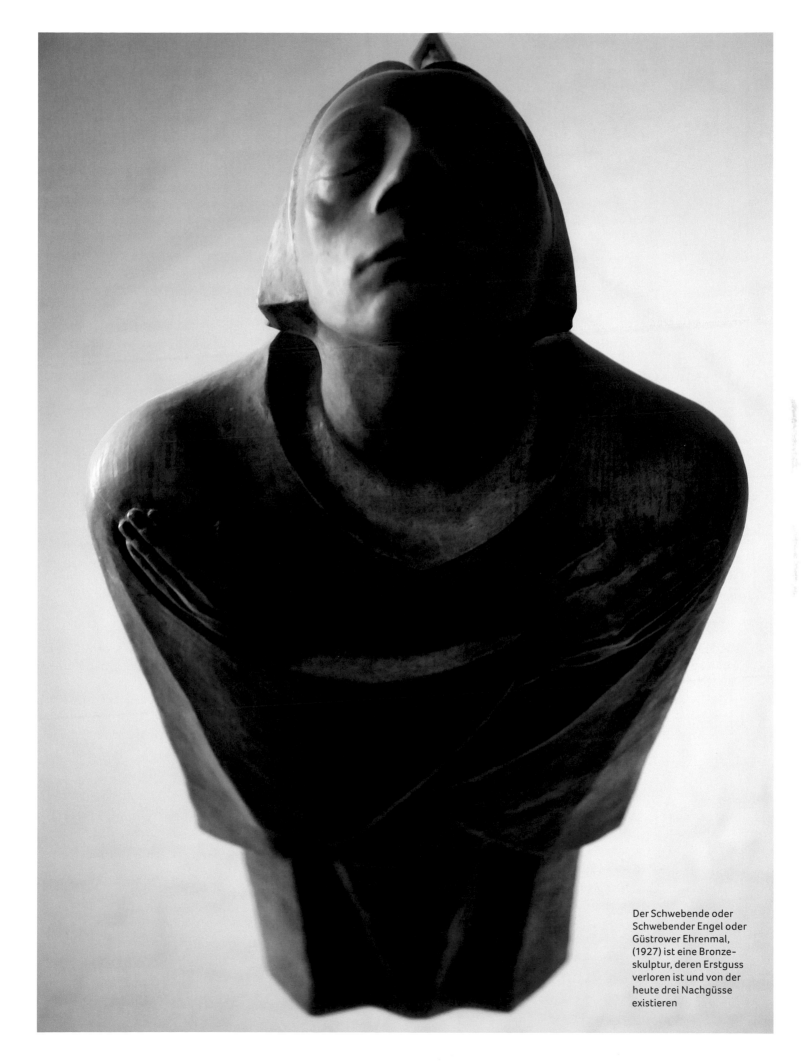

Der Schwebende oder
Schwebender Engel oder
Güstrower Ehrenmal,
(1927) ist eine Bronze-
skulptur, deren Erstguss
verloren ist und von der
heute drei Nachgüsse
existieren

Der Romantiker im Norden

Spuren der lutherischen Reformation
im Werk Caspar David Friedrichs
—

VON HANS-JÜRGEN ABROMEIT UND BIRTE FRENSSEN

Einer der berühmtesten Söhne Greifswalds ist der am 5. September 1774 nur wenige Schritte neben der Domkirche St. Nikolai geborene und in ihr lutherisch getaufte Caspar David Friedrich. Er gilt als bedeutendster Maler der deutschen Romantik.

Wo ist die geistige Heimat des Malers Caspar David Friedrich?

Der Ruhm Friedrichs setzte erst im 20. Jahrhundert so recht ein. Typisch für ihn sind die Landschaftsbilder, die aber alle auch einen religiösen Bezug haben. Man hat ihn deswegen für einen Pantheisten gehalten. Aber für Friedrich sind Gott und Welt nicht identisch. Vielmehr ist der Gott der Bibel überall in der Welt zu finden. Wo ist dann die geistige Heimat des Malers Caspar David Friedrich? Um diese Frage zu beantworten, ist ein Blick auf einige bisher weniger beachtete Werke Friedrichs aufschlussreich.

Im Herbst 1815 verbrachte er nach einer Rügenreise noch einige Zeit bei seinen Brüdern und Verwandten in Greifswald. Am 9. September, vier Tage nach seinem 41. Geburtstag, zeichnete er die in der Nähe seines Elternhauses gelegene Jacobikirche von außen (Bleistift, Nationalmuseum Oslo). Als Friedrich sich diesem Kirchenbau etwa zwei Jahre später erneut zuwendet (Feder, Aquarell, New York, The Pierpont Morgan Library, Inv.-Nr. 1996.150), traut man seinen Augen kaum. Nun blicken wir von innen auf den ruinösen Chor der gotischen Kirche. Die Langhausgewölbe sind eingestürzt, Zuganker geborsten, Schutthalden und Architekturbruchstücke bedecken den Boden. Was war geschehen?

In den Jahren der napoleonischen Besatzung, in denen die Kirche 1807 bis 1810 als Feldbäckerei und 1812/13 als Vorratsmagazin diente, wurden ihre Ausstattung und die Portalgewände tatsächlich weitgehend zerstört. Just 1817, als Friedrich

an seinem Blatt arbeitete, wurde der Innenraum der Jacobikirche durch seinen Lehrer Johann Gottfried Quistorp wiederhergestellt, während die äußere Hülle zu keiner Zeit als gefährdet galt. Gerade umgekehrt haben sich in Friedrichs Zeichnung in der so zerstörten, des Daches und der Gewölbe beraubten Kirche der Altar im Chorraum, die im Schiff rechts an einem Pfeiler hängende schlichte Kanzel und vor allem ein mächtiges Kruzifix, das am Triumphbogen auf der Grenze von Chor und Schiff herabhängt, so gut wie unberührt erhalten. In seiner 1810 gemalten »Abtei im Eichwald« hatte Friedrich die vor den Toren Greifswalds liegende Ruine des Klosters Eldena mit Kruzifix, Altar und dem Zug der Mönche ausgestattet, die es zu seinen Zeiten in dem verlassenen Gemäuer schon längst nicht mehr gab. Jetzt ging er noch einen Schritt weiter und setzte die erfundene Ausstattung in die vor seinem geistigen Auge zur Ruine verwandelten Jacobikirche, die sie nie gewesen war. Dichtung und Wahrheit verbinden sich: Ausgangspunkt ist der seit Kindertagen vertraute Kirchenbau, der aber dichterisch frei behandelt und mit Stimmung erfüllt, zur Metapher wird – zu einem Sinnbild für die Verfassung der Kirche.

Das Kreuz bestimmt das Denken und Malen

Es ist das Kreuz Christi, immer wieder das Kreuz. Schon 1809 hatte Friedrich in Erläuterung seines umstrittenen Bildes »Das Kreuz im Gebirge«(1808) gesagt: »Auf einem Felsen steht aufgerichtet das Kreuz, unerschütterlich fest, wie unser Glaube an Jesum Christum. Immer grün durch alle Zeiten während stehen die Tannen ums Kreuz, gleich unserer Hoffnung auf ihn, den Gekreuzigten.« Diese Kreuzestheologie gilt zu Recht als typisch lutherisch. So hatte Martin Luther in der Heidelberger Disputation von 1518 definiert, was ein Theologe ist: »Nicht der heißt mit Recht ein Theologe, der Gottes unsichtbares Wesen durch seine Werke wahrnimmt und versteht, sondern der ... der

links: Caspar David Friedrich, Die Jacobikirche in Greifswald als Ruine (um 1815, Bleistift, 26 x 20 cm)

rechts: Undatiertes Selbstbildnis des jungen Caspar David Friedrich

das, was von Gottes Wesen sichtbar und der Welt zugewandt ist, als in Leiden und im Kreuz dargestellt, begreift« (These 19 u. 20). Schon die malerische Grundmaxime Friedrichs könnte man als von dieser theologischen Aussage inspiriert ansehen, wenn er sagt: »Der Maler soll nicht bloß malen, was er vor sich sieht, sondern auch, was er in sich sieht. Sieht er aber nichts in sich, so unterlasse er auch zu malen, was er vor sich sieht.«

In einer Kirchenruine malt Friedrich, was allein einer Kirche Sinn und Kraft gibt. Unter dem Anschein des Gegenteils stellt er dar, worin das Wesen des christlichen Glaubens liegt. In diesem Sinne ist Caspar David Friedrich ein religiöser Maler. Die äußere Wirklichkeit wird durchscheinend für die eigentliche Wirklichkeit, für Gott, für die Transzendenz. Das Kreuz Jesu Christi ist auf eine verborgene Weise das Zentrum des christlichen Glaubens. Das Transzendente wird in dieser Welt ansichtig nur in paradoxen Symbolen: Der, der das Leben ist, stirbt. In seinem Sterben liegt die Kraft der Erlösung. Im Untergang am Kreuz deutet sich bereits der Triumph der Auferstehung an. Wer Augen hat zu sehen, erkennt bereits im Sterben am Kreuz das neue, ewige Leben.

So schrieb auch der mit Caspar David Friedrich und Philip Otto Runge verwandte Franz Christian Boll, Prediger an der St. Marienkirche in Neubrandenburg, in seinem Buch »Von dem Verfalle und der Wiederherstellung der Religiosität, mit besonderer Hinsicht auf das protestantische Deutschland« (1809/10): »Die Zeiten von Opfer und Priester, als Mittelspersonen zwischen Gott und Menschen sind nicht mehr – wir Alle, heißt es, sind Priester, können uns Gott in gleichem Grade nähern, Alle in sein Heiligthum treten. Kinder dürfen sich nicht durch Andre bei ihrem Vater einführen lassen; dass einzige Opfer für die Sünde des Menschen, wodurch alle der Gnade Gottes versichert werden sollen, hat Jesus selbst in seinem Tode dargebracht.« Und wie der Maler gebraucht auch er die Ruine, um das Weichen der alten, äußeren Formen, das andere Verlangen

nach Klarheit und Wahrheit seit der Reformation zu verbildlichen: »... die Eintags-Weisheit glaubte Alles besser zu verstehen, als die edelsten und weisesten Menschen der Vorzeit zusammengenommen es verstanden und geordnet hatten; was sie aber an die Stelle des Alten setzte, starb oft schnell wieder nach seiner Geburt; und so wandeln wir denn unter vielen Ruinen, alten, ehrwürdigen, und sehr neuen ... Man muß, man wird endlich wieder ans Aufbauen gehen; denn in Trümmern wohnt's sich schlecht – das fühlen alle!« In seinem leidenschaftlichen Plädoyer für die Wiederherstellung der Religiosität erkannte er die Pflicht, das bisherige Gebäude durch die helfende, bessernde Hand bald wieder in einen herrlichen Tempel zu verwandeln. Schon sah er in seiner Zeit einzelne Lichtstrahlen durchbrechen, wie Friedrich in seinen Werken den blauen Himmel aufleuchten oder das Licht durch die großen Ostfenster der Jacobikirche hereinfluten ließ.

Caspar David Friedrich ist an einer Erneuerung der Kirche interessiert. Durch die Rückführung auf das Wesentliche erfährt die Kirche Re-formatio. In diesem Sinn ist die lutherische Reformation seine geistige Heimat. ●

▶ **DR. BIRTE FRENSSEN**
ist Kunsthistorikerin im Pommerschen Landesmuseum Greifswald

DR. HANS-JÜRGEN ABROMEIT
ist Pfarrer und Bischof im Sprengel Mecklenburg und Pommern.

Das Niederdeutsche Bibelzentrum Sankt Jürgen

Zeugnis der Reformation in Geschichte und Gegenwart

—

VON JOHANNES PILGRIM

▼
Bundeskanzlerin Angela Merkel besucht das Bibelzentrum in Barth

Das Niederdeutsche Bibelzentrum geht zurück auf den ersten Bibeldruck Pommerns, der 1588 in Barth erfolgte. Seit dem Gründungsjahr 2001 werden im Niederdeutschen Bibelzentrum nicht nur die Barther Bibel und andere historische Kostbarkeiten gezeigt: Es ist heute ein modernes Museum für jedermann (und -frau) mit Galerie, Garten, Museumsshop und viel mehr. Die »Barther Bibel« ist Herzstück der Ausstellung.

Als Pfarrer Johannes Block nach Priesterjahren in Estland und Schweden 1533 nach Barth kam, predigte er am Sonntag Estomihi auf dem St. Georgs Friedhof zum ersten Mal als protestantischer Geistlicher. 1535 wurde er nach der Inschrift auf seinem Grabstein nach St. Marien berufen. Von den 126 Bänden seiner Bibliothek, die er der Kirchengemeinde vermachte, sind noch 123 erhalten und in der Kirchenbibliothek von St. Marien zu besichtigen. Unter seinen Schätzen befand sich die erste niederdeutsche Bibelausgabe für Pommern, 1588 vom Büchernarren Bogislaw XIII. in der eigenen fürstlichen Druckerei in niederdeutscher Sprache gedruckt.

Vor den Toren von Barth (Stadtrecht 1255) wurde seit ca. 1320 ein Aussätzigen-Hospital »Sankt Georg« (niederdt. »St. Jürgen«) erwähnt. Um 1390 entstand hier die gleichnamige gotische Backstein-Kapelle, die unter mehrfachen Umbauten als Kirche, Hospital oder Wohnstätte (bis 1985) genutzt wird. Der backsteinerne Chorraum ist in seiner gotischen Gestalt ursprünglich. Die Kapelle wurde ab 1998 unter Beibehaltung der Umbauten restauriert und ist seit 2001 Ausstellungshaus des Niederdeutschen Bibelzentrums. Historischer Anlass für das NBB ist der erste vollständige Bibeldruck für das damalige Pommern in Barth durch Herzog Bogislaw XIII., eine niederdeutsche Übertragung des Luthertextes (1584–88). In den historischen Wohnräumen präsentiert sich heute eine informative, multimediale Ausstellung zur Bibel. Auch das Areal des ehemaligen Hospitals mit einem Bibelgarten, der an klösterliche Vorbilder erinnert, und dem Bildungshaus mit Gästezimmer und Ferienwohnung (aus dem Jahr 2004) lädt Gruppen wie Einzelbesucher und Familien zum Verweilen ein. ●

▶ **JOHANNES PILGRIM**
ist der Leiter des Bibelzentrums in Barth.

▶ **NIEDERDEUTSCHES BIBELZENTRUM SANKT JÜRGEN**
Sundische Straße 52, 18356 Barth
Te. 03 82 31 · 7 76 62
www.bibelcentrum.de

Öffnungszeiten
Di – Sa 10.00–18.00 Uhr, So 12.00–18.00 Uhr, feiertags 14.00–18.00 Uhr

Die Kapelle »Sankt Georg« beherbergt heute das Bibelzentrum

»Wir müssen wieder in Schwung kommen«

Interview mit Altbischof Dr. Heinrich Rathke

—

DAS INTERVIEW FÜHRTEN MARION WULF-NIXDORF UND THOMAS MAESS

Dr. Heinrich Rathke, Jg. 1928, zählt zu den profiliertesten evangelischen Bischöfen während der DDR-Zeit. Er war von 1971 bis 1984 Landesbischof der Evangelisch-Lutherischen Landeskirche Mecklenburgs und von 1977 bis 1981 Leitender Bischof der Vereinigten Evangelisch-Lutherischen Kirche in der DDR. Heinrich Rathke studierte in Kiel, Erlangen und Tübingen Theologie und übernahm 1955 wegen des Mangels von Pfarrern in der DDR eine Pfarrstelle im mecklenburgischen Warnkenhagen. 1962 wechselte er nach Rostock und baute in dem Neubaugebiet Südstadt eine Kirchgemeinde auf. Aufsehen im atheistischen SED-Staat erregten seine volksnahen Predigten aus einem alten Zirkuswagen, weil in der Rostocker Südstadt keine Kirche gebaut werden durfte. 1971 übernahm Pastor Rathke das Bischofsamt der mecklenburgischen Landeskirche. Er kümmerte sich in der DDR um Kontakte zur Russisch-Orthodoxen Kirche und wurde von 1977 bis 1981 zum Leitenden Bischof der Vereinigten Evangelisch-Lutherischen Kirche in der DDR. Zusätzlich führte er den Vorsitz im DDR-Nationalkomitee des Lutherischen Weltbundes.

Bereits zu Beginn der 1980er Jahre engagierte sich Heinrich Rathke in der Friedensarbeit, für Menschenrechte und für Umweltfragen. Auseinandersetzungen mit staatlichen Stellen in der DDR drehten sich vorrangig um die Einführung des Wehrkundeunterrichts und die verschärfte Strafverfolgung pazifistischer Jugendlicher. Von der SED wurde er als »feindlich negativ« eingestuft.

Heinrich Rathke kehrte nach Ablauf seiner Amtszeit als Bischof wieder ins Gemeindepfarramt zurück. Er übernahm das Pfarramt von Crivitz bei Schwerin, das er bis 1991 innehatte. Nach der Wende kümmerte er sich um russlanddeutsche Gemeinden in Mittelasien und war von 1991 bis 1994 Bischöflicher Visitator der Evangelisch-Lutherischen Kirche in der Republik Kasachstan.

Er wurde in einen Vertrauensrat zur Aufarbeitung kirchlicher Stasi-Verstrickungen berufen und gehörte für mehrere Jahre dem Beirat der Stasi-Unterlagen-Behörde für das Land Mecklenburg-Vorpommern an. Heinrich Rathke ist Ehrenbürger der Stadt Crivitz und lebt heute in Schwerin.

Herr Bischof Rathke, was bedeutet Ihnen persönlich der Wittenberger Reformator Martin Luther?
In der Person Martin Luthers wird die Reformation ganz besonders sichtbar. Ich habe verschiedene Lebenssituationen des Reformators dabei vor Augen. Ich denke an die überlieferten Szenen, wie er verzweifelt sein Tintenfass an die Wand seiner Kammer auf der Wartburg warf, um den Teufel zu vertreiben; ich denke an das Gewitter bei Erfurt, als er fast vom Blitz getroffen wurde und erschrocken gelobte, ein Mönch zu werden; ich denke vor allem an seinen Auftritt auf dem Reichstag zu Worm, als er standhaft bei seiner Theologie blieb. In diesen Stunden war er ganz Mensch und trat für seine Sache ein. Ich bin überzeugt, dass Kirche dazu da ist, sehr persönlich Glauben und Leben zu verbinden.

Gab es in Ihrem Leben Situationen, in denen Sie sich besonders an Martin Luthers Standfestigkeit orientierten?
Eigentlich nein. Das ist mir eine Nummer zu groß. Die Herausforderungen, denen sich Martin Luther gegenübersah, sind nicht vergleichbar mit unserer heutigen Zeit. Der Reichstag zu Worm war damals ein weltgeschichtliches Ereignis und ich stand nie in einer solchen gravierenden Situation. Natürlich habe ich mein Christsein im kleinen Rahmen auch verteidigen müssen. Ich bin damals zu Beginn der 1950er Jahre aus dem Westen in den Osten gewechselt, weil hier die Pastoren knapp waren. Das hieß für mich natürlich auch, sich mit den sogenannten staatlichen Organen und ihrer Ideologie auseinanderzusetzen. Ich erinnere mich, wie damals Parteifunktionäre forsch behaupteten, dass es in 25 Jahren keine Kirche mehr gebe. So überzeugt waren diese Leute. Sie wollten die Kirche klein machen. Die staatlichen Zuschüsse wurden gestrichen, es ging hart zu und

Altbischof
Dr. Heinrich Rathke

wir mussten uns ständig den Zwistigkeiten widersetzen. Später, ich erinnere mich genau, auf einer Luthergedenkveranstaltung 1983 im Weinhaus Uhle in Schwerin – wir feierten den 500. Geburtstag Martin Luthers –, gab der Staatssekretär für Kirchenfragen zu, dass die evangelische Kirche wohl nochmal 400 Jahre bestehen werde. Ich erwiderte damals: »Und das reicht mir nicht!«

*Herr Rathke, welche Bedeutung hat
für Sie als Pastor und Bischof der
Protestantismus in der DDR gehabt?*
Im Wort »Protestantismus« liegt eigentlich schon die Antwort auf Ihre Frage. Der Protest in der DDR gegen das damalige Regime sammelte sich auf der Seite der evangelischen Kirche. Denn diese Kirche, so wenig Macht sie auch hatte, war die einzige Organisation in der DDR, die unabhängig war. Und sie war dazu noch grenzüberschreitend für beide deutschen Staaten aktiv. Und sogar darüber hinaus hatte die Kirche über die Ökumene und den Lutherischen Welt-

bund internationale Kontakte. Das war damals in der DDR wirklich außergewöhnlich. Der Protestantismus hatte in der DDR immer einen protestierenden Impuls gegen die herrschende Ideologie.

*Das führt zu der Frage, was ist heute,
500 Jahre nach der Reformation, aus
Ihrer Sicht reformbedürftig in der
evangelischen Kirche?*
Ich glaube, wir beschäftigen uns zu sehr mit Organisationsfragen, also mit uns selbst. Wir dürfen keine Nabelschau veranstalten. Wir müssen wieder in Schwung kommen. Das heißt vor allem, dass wir uns besinnen müssen, wozu Kirche da ist. Protestantismus heute heißt, sich dieser Welt mit ihren Unzulänglichkeiten zu stellen. Wir müssen uns kümmern und den Protest artikulieren in einer Gesellschaft, die auf die Herausforderungen unserer Zeit reagieren muss. Ich nenne Umweltfragen, Fragen von Migration und Kirchenasyl, Fragen der Dritten Welt, Fragen von Krieg und Waffenexporten und so weiter. Natürlich können

wir das viel besser, wenn wir mit der katholischen Kirche hier zusammenarbeiten. Natürlich ist Ökumene viel weiter gefasst. Ich denke an die orthodoxe Christenheit, an die Kopten, an chinesische Christen und viele andere Formen von Christsein in der Welt. Ökumene passiert heute in den Gemeinden vor Ort viel besser und viel intensiver als in den oberen Etagen. Dort, wo Katholiken und Protestanten zusammenarbeiten, gelingen viele Vorhaben. Die Ökumene wird in vielen Gemeinden bereits gelebt und das begrüße ich sehr. Denn unsere theologischen Unterschiede sind gering. Die Welt, so, wie sie heute ist, braucht eine Kirche, die Protest organisieren kann, die sich einsetzt für die Menschen, die all jenen hilft, die keine Stimme in unserer Gesellschaft haben. Heute sind wir nur miteinander stark.

*Herr Bischof Rathke,
wir danken Ihnen für dieses Gespräch.*

Die Evangelisch-Augsburgische (Lutherische) Kirche in Polen

Von den reformatorischen Anfängen in Danzig zur Partnerschaft mit der Evangelisch-Lutherischen Kirche in Norddeutschland

—

VON MARCIN HINTZ

Die heutige Evangelisch-Augsburgische (Lutherische) Kirche in der Republik Polen ist eine lebendige Kirche inmitten eines katholisch geprägten Landes. Sie ist die Nachfolgerin von mehreren selbständigen Kirchen, die erst 1945 nach dem Krieg zusammengeschlossen und zu einer homogenen Struktur gefunden haben. Die lutherische Kirche hat heute ca. 70.000 Mitglieder – das ist weniger als 10 % des Bestandes vor dem Zweiten Weltkrieg. Sie ist in sechs Diözesen unterteilt. In der kleinsten, der Teschener Diözese, wohnen heute mehr als die Hälfte der polnischen Lutheraner. Bischofssitz der Kirche und Ort der Synode ist Warschau. Die heutige Spiritualität und Frömmigkeit der lutherischen Kirche ist in den Diözesen sehr unterschiedlich ausgeprägt. Sichtbarer Ausdruck der Unterschiede sind die verschiedenartigen liturgischen Gewänder.

Die ersten reformatorischen Ideen gingen von der seit 1454 königlichen Stadt Danzig aus. Schon ein Jahr nach Luthers Ablassthesen um 1518 konnte man erste »Predigten nach dem Evangelium« in Danziger Kirchen hören. Ein paar Jahre später kamen evangelische Prediger aus Deutschland in weitere große Städte, u. a. nach Posen und Thorn. Ein Beleg für die sehr frühe Verbreitung evangelischen Gedankenguts sind erste Edikte gegen die »lutherischen Häresien« des polnische Königs Sigismund des Älteren aus dem Jahr 1520.

Die Bereicherung der evangelischen Kirche durch Zuwanderung

In der zweiten Hälfte des 18. Jahrhunderts siedelten sich im Königreich Polen verstärkt deutsche Kolonisten an, die ihre eigenen evangelischen Pfarrer mitbrachten. Bis Ende des Ersten Weltkrieges bildeten sich evangelisch geprägte kirchliche Strukturen in ganz Polen aus. Nach der Wiedererstehung Polens im Jahre 1918 wurde die Evangelisch-Augsburgische Kirche der Republik Polen unter der Leitung des Bischofs Juliusz Bursche zu einer wichtigen sozialen Größe in der polnischen Gesellschaft. Die Kirche war zweisprachig – polnisch und deutsch – strukturiert und erlaubte damit eine binationale Identität ihrer polnischen und deutschen Gemeindemitglieder, deren Frömmigkeit viele Formen annahm.

Die Entwicklung der evangelische Kirche nach der Wende 1989

Erst die politische Situation nach der Wende im Jahre 1989 brachte neue Impulse zur Entwicklung der Kirche. Sie konnte ihre Mauern verlassen und wieder öffentlich wirken.

Im Jahre 1994 wurde ein neues Staatskirchenrecht verabschiedet, das die Aktivitäten der Kirche in der Gesellschaft unbeschränkt möglich machte. Zwei Jahre später wurde das neue Kirchenrecht von der lutherischen Synode beschlossen. Es führte sowohl neue demokratische Formen in das kirchliche Leben ein, wie es auch alte Strukturen modernisierte. Im Jahr 1995 begann die lutherische Kirche mit der evangelischen Militärseelsorge

und mit der professionellen Gefängnis-
seelsorge.

Im Jahr 1997 wurde das Zentrum für
Mission und Evangelisation in Dzięgielów eingerichtet. Es ist für die Innere
Mission der Kirche verantwortlich, spielt
eine besondere Rolle in der Seelsorge und
unterstützt pietistischen Strömungen.
Eine ebenso wichtige Rolle im Leben der
Kirche spielt die Jugendseelsorge. Im Teschener Schlesien kann inzwischen der
Religionsunterricht in der Schule statt-
finden. In anderen Gemeinden wird er in
Wohnungen oder angemieteten Räumen
in der Gemeinde abgehalten.

Im Jahre 1999 wurde die Diakonie der
Evangelisch-Augsburgischen Kirche in
Polen als eine unabhängige karitative
Organisation zur Körperschaft des öffentlichen Rechts erklärt. Seit 2003 ist
die Diakonie Mitglied der Eurodiaconia.
Im kleinen Dorf Dzięgielów an der pol-
nisch-tschechischen Grenze hat seit
80 Jahren das einzige Frauendiakonat
»Eben-Ezer« seinen Sitz. Die Kirche führt
insgesamt sieben Altersheime und mehrere Sozialstationen.

Bildungsstätte für evangelische Pastoren und Theologen ist seit 1954 die-
Christlich-Theologische Akademie in
Warschau, die als Nachfolgerin der evangelischen theologischen Fakultät an
der Warschauer Universität fungiert.
Diese Akademie versteht sich als ökumenische Hochschule mit allen Univer-
sitätsrechten, die auch eine pädagogi-
sche Fakultät innehat.

Die Lutherische Kirche in Polen ist
sehr in der Ökumene engagiert. Mit sechs
anderen Minderheitskirchen ist sie im
Polnischen Ökumenischen Rat zusammengeschlossen, der schon 1946 gegründet wurde. Dieser Rat fungiert bis
heute in praktisch unveränderter Form
als Ort für die Zusammenarbeit von Kirchen, als Ort theologischer Gespräche
und als Ort, an dem sich Jugendliche
treffen können. In vergangenen Zeiten
war der Polnische Ökumenische Rat
(PÖR) auch das Forum für Gespräche
zwischen den Kirchen und der kommu-
nistischen Regierung. Von Anfang an
war die polnische lutherische Kirche
Mitglied im Weltrat der Kirchen und im

Lutherischen Weltbund. Die polnischen
Lutheraner engagieren sich auch in der
Gemeinschaft der Evangelischen Kirche
in Europa (GEKE) und der Konferenz der
Evangelischen Kirchen (KEK).

Die Lutherische Kirche in Polen ist in
den letzten 20 Jahren vielen internatio-
nalen Partnerschaften beigetreten. Die
Diözesen Pommern-Großpolen und Breslau haben eine intensive Beziehung zur
Pommerschen Landeskirche und jetzt
mit der Nordkirche. •

▶ PROF. DR. MARCIN HINTZ
ist Diözesanbischof der Evangelisch-Augsburgischen Kirche, Diözese Pommern-Großpolen (Pomorsko-Wielkopolska) in Sopot

Die Frage nach Gott wachhalten ...

Auf dem Weg zum Reformationsjubiläum in Mecklenburg-Vorpommern

—

VON HANS-JÜRGEN ABROMEIT
UND ANDREAS VON MALTZAHN

W ir sehen den Weg zum Reformationsjubiläum als eine Chance, die Frage nach Gott in unserem Bundesland wachzuhalten oder neu bewusst zu machen. Aus der kirchlichen Urlauberarbeit wissen wir: Menschen sind auf der Suche nach Vertiefung ihres Lebens, nach einem tragenden Grund. Auch das Engagement vieler Menschen ohne religiöse Sozialisation in den über 180 Kirchbaufördervereinen in Mecklenburg-Vorpommern macht deutlich: Menschen suchen für ihr Leben eine innere Mitte. Darüber hinaus nehmen wir wahr: Das Bedürfnis nach vergewissernden Ritualen an Schwellen des Lebens und in Krisenzeiten ist groß.

Wie kann es gelingen, 500 Jahre Reformation so unter die Leute zu bringen, dass es nicht lediglich ein historisches Festival wird, sondern Menschen hilft, ihr Leben zu gestalten, vielleicht sogar Orientierung zu gewinnen?

Geschichte verbindet die norddeutschen Länder

Es kann nicht darum gehen, die Event-Maschinerie anzuwerfen und zu meinen, mit ein paar Großereignissen sei es getan. Wir setzen auf Elementarisierung und lokale Anknüpfung. Ereignisse der reformatorischen Lokalgeschichte können entdeckt und ins Bewusstsein gehoben werden: In Pommern werden Stationen der Bugenhagenschen Reformation erinnert werden. Johannes Bugenhagen, Dr. Pomeranus – wie Luther ihn nannte –, hilft nicht nur bis heute den Pommern, ihre Identität zu finden, sondern verbindet auch ihre Geschichte mit der der ihnen heute in einer Kirche verbundenen Hamburger, Lübecker und Schleswig-Holsteiner, ja sogar mit der Geschichte der ihnen allen benachbarten Dänen. Denn in all diesen Ländern hat der Reformator des Nordens geholfen, die Reformation einzuführen.

Die Gemeinden vor Ort stehen im Mittelpunkt des Jubiläums

Angesichts der bundesweit zu erwartenden Großereignisse setzen wir vor allem auf gemeindlich verankerte Aktivitäten – auch in ökumenischer Hinsicht: Etliche Kirchengemeinden in Mecklenburg und Pommern pflegen Partnerschaften mit Gemeinden in unseren Partnerkirchen in Europa, Nordamerika und Afrika. Bei unseren ausländischen Partnern gibt es auf dem Weg nach 2017 ein verstärktes Interesse an Besuchen in Deutschland, dem Mutterland der Reformation, und an einem Kennenlernen der reformationsgeschichtlichen Akteure und ihrer Motivationen. Warum nicht die gemeindlichen Aktivitäten mit der Partnerschaftsarbeit verbinden?! Es kann helfen, sowohl die eigenen Schätze als auch die Herausforderungen, vor denen wir stehen, deutlicher wahrzunehmen.

Bei all diesen Vorhaben soll uns kirchlicherseits eine theologische Herangehensweise leiten: Die Erneuerung der Kirche kann auch in unseren Tagen vor allem durch die Besinnung auf die Ursprünge – das Evangelium von Jesus als dem Christus, dem Retter – gelingen. Wir sind überzeugt: Dazu bedarf es – auch in unseren Gemeinden – einer neuen Besinnung auf die Bibel. Es ist eigentlich doch verrückt: Die Reformation erlangte ihre Strahlkraft vor allem dadurch, dass jeder Mensch die Bibel lesen konnte und ihm von den Reformatoren zugleich zugetraut wurde, das Gelesene auch verstehen zu können. Heute, so scheint es, haben wir als »Kirche des Wortes« die Schrift irgendwie so »hochgehalten«, dass viele das Gefühl haben, da nicht mehr heranzukommen – als müsse man Theologie studiert haben, damit die Schrift einem etwas sagen kann. Dabei laden die biblischen Geschichten geradezu ein, das eigene Menschsein mit Licht- und Schattenseiten, in Höhen und Tiefen besser zu verstehen. Christlicher Glaube hat auch in unseren Tagen die Kraft, aus Zwängen zu befreien und in die Freiheit eines verantwortlichen Lebens vor Gott zu führen.

Die Erneuerung der Kirche ist eine ständige Aufgabe

Erneuerung unserer Kirche ist notwendig. Sie kann nicht »gemacht«, aber ersehnt werden. Auch Menschen ohne religiöse Sozialisation wünschen wir, dass sie etwas von der Schönheit und Lebenskraft des christlichen Glaubens erfahren. Gleichzeitig sind wir überzeugt: Unserem Gemeinwesen würde Entscheidendes fehlen, wenn die Gestaltungskräfte, die die Reformation freigesetzt hat, in Zukunft unserer deutschen und europäischen Gesellschaft nicht mehr zur Verfügung stünden. Der Weg zum Reformationsjubiläum in Mecklenburg-Vorpommern ist voller Möglichkeiten, die befreienden und orientierenden Potentiale der Reformation für die Gegenwart wiederzuentdecken.

Wir werden sie diesmal anders für unsere Zeit fruchtbar machen müssen, als es im 16. Jahrhundert geschah. Damals erforderte es die Treue zum Evangelium, auch eine Kirchenspaltung in Kauf zu nehmen, die die Reformatoren eigentlich nicht wollten. Heute, unter entkirchlichten Bedingungen sind wir gerufen, so viel wie möglich gemeinsam mit unseren katholischen Geschwistern zu tun. Darum bietet das Reformationsgedenken auch eine Chance, wieder etwas näher zusammenzurücken. Die im Abstand von mehreren Jahren unter Federführung des Landes Mecklenburg-Vorpommern für die Schulen durchgeführten Bibelwettbewerbe, an denen evangelische und katholische Kirche wie auch Freikirchen mitwirken, sind ein schönes Beispiel, was mit gemeinsamer Kraft möglich ist. Es ist unsere Hoffnung, dass wir in der Besinnung auf den Ursprung der Kirche im Evangelium von Jesus Christus im gemeinsamen Begehen des Reformationsjubiläums auch als Kirchen wieder näher zusammenfinden. •

▶ DR. HANS-JÜRGEN ABROMEIT
ist Pastor und Bischof im Sprengel Mecklenburg und Pommern, Greifswald.

DR. ANDREAS VON MALTZAHN
ist Pastor und Bischof im Sprengel Mecklenburg und Pommern, Schwerin.

Impressum

DR. DANIEL MOURKOJANNIS
Herausgeber

BISCHOF DR. HANS-JÜRGEN ABROMEIT
Herausgeber

BISCHOF DR. ANDREAS VON MALTZAHN
Herausgeber

DR. MITCHELL GRELL
Herausgeber

THOMAS MAESS
Theologe und leitender Redakteur, Kiel

www.luther2017.de

MECKLENBURG UND VORPOMMERN ORTE DER REFORMATION
Journal 17

Herausgegeben von
Dr. Daniel Mourkojannis,
Bischof Dr. Hans-Jürgen
Abromeit, Bischof Dr. Andreas
von Maltzahn, Dr. Mitchell Grell

Die Deutsche Bibliothek verzeichnet diese Publikation in der Deutschen Nationalbibliographie; detaillierte bibliographische Daten sind im Internet über http://dnb.ddb.de abrufbar.

© 2014 by Evangelische Verlagsanstalt GmbH · Leipzig
Printed in Germany · H 7800

IDEE ZUR JOURNALSERIE
Thomas Maess, Publizist, und Johannes Schilling, Reformationshistoriker

GRUNDKONZEPTION DER JOURNALE
Burkhard Weitz, chrismon-Redakteur

FACHLICHE BERATUNG
Dr. Johann Peter Wurm

COVERENTWURF
NORDSONNE IDENTITY, Berlin

COVERBILD
Martin Poley, Wismar

LAYOUT
NORDSONNE IDENTITY, Berlin

BILDBEARBEITUNG
David Burghardt / db-photo.de

BILDREDAKTION
Thomas Maess

ISBN 978-3-374-03879-4
www.eva-leipzig.de

Bildnachweis

Achim Bötefür (Landesamt für Kultur und Denkmalschutz, Schwerin): S. 55, 56, 57
Bundespresseamt: S. 80
Dietrich-Bonhoeffer-Verein: S. 65
Landeskirchliches Archiv Schwerin: S. 56 oben rechts
Martin Poley: Coverbild, S. 6/7, 14, 15, 21, 23, 27–29, 32–35, 37, 38, 45, 46

Mecklenburgische & Pommersche Kirchenzeitung, Schwerin: S. 86, 87
Pommersches Landesmuseum Greifswald: S. 40/41
Rainer Neumann S. 4, 39, 63, 67, 85
Thomas Maess: S. 8, 10, 20, 31, 59, 72, 75, 76, 77, 83, U3
Tobias Bunners: S. 17, 18, 19
Wolfgang Nixdorf: S. 68, 69, 70